SPANISCH leicht & locker

Der Sprachkurs (fast) ohne Grammatik

von Natascha Remmert

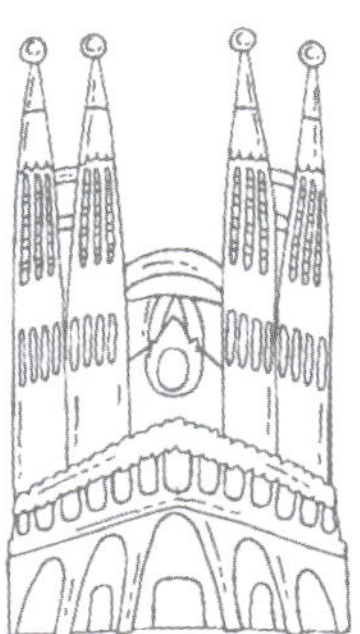

PONS

Spanisch
leicht & locker

Der Sprachkurs (fast) ohne Grammatik

von Natascha Remmert

identisch mit ISBN: 978-3-12-562187-9

Sie finden die Audio-Dateien zu Ihrem Buch in der **Scan2Learn-App** oder als Download, indem Sie den QR-Code hier einscannen oder indem Sie auf folgenden Link gehen:
www.pons.de/leicht-und-locker-spanisch

4. Auflage 2026

Projektleitung: Christine Lippet
Autorin: Natascha Remmert
Redaktion: Nadine Stephan
Logoentwurf: Erwin Poell, Heidelberg
Logoüberarbeitung: Sabine Redlin, Ludwigsburg
Innenlayout: tebitron GmbH, Gerlingen
Satz: Digraf.pl - dtp services
Tonaufnahmen: db media Dupre & Buhr GbR, Raubach
Druck und Bindung: Multiprint Ltd., Kostinbrod

ISBN: 978-3-12-562499-3

¡Bienvenidos!

Sie haben keinerlei Vorkenntnisse in Spanisch und möchten gerne ohne lästiges Grammatikpauken ein wenig sprechen lernen? Mit ***PONS Spanisch leicht & locker*** funktioniert das Sprachenlernen wie ein Baukastensystem: Sie lernen Wörter oder kleine Sprachbausteine und können dann selbstständig damit viele Sätze bilden.

Wie lernen Sie mit dem Sprachkurs?
Der Sprachkurs enthält **12 Lektionen**. Jede Lektion besteht aus einem Dialog, der Satz für Satz, Baustein für Baustein präsentiert und anschließend erklärt wird. Passend zum Thema lernen Sie dann noch weitere Wörter und Wendungen und landestypische Eigenheiten kennen. Alle Wörter und Sätze werden mit einer vereinfachten Umschrift präsentiert, die Ihnen die Aussprache erleichtert, sowie mit der Übersetzung. Zwischendurch können Sie in zahlreichen Übungen das Gelernte anwenden. Die **Lösungen** finden Sie direkt bei den Übungen.

Am Ende jeder Lektion finden Sie den kompletten **Wortschatz der Lektion** in kleine Portionen aufgeteilt. Sie können sich den Wortschatz außerdem auch anhören und so nochmals die Aussprache trainieren und die Wörter lernen. Anschließend finden Sie dann **den kompletten Dialog abgedruckt und vertont**.

Die **Grammatik** wird in diesem Sprachkurs nur am Rande behandelt. Bei den Übungen steht das Bilden von Sätzen mit Hilfe der Bausteine im Vordergrund, ohne dass Sie die Grammatik perfekt beherrschen müssen.

Im **Anhang** finden Sie die Übersicht der im Buch verwendeten Umschrift sowie einen Überlebenswortschatz.

Um die richtige Aussprache zu lernen, können Sie sich alle Wörter und Dialoge auch anhören. Laden Sie sich dazu die **Scan2Learn-App** herunter und wählen Sie Ihr Buch aus. Eine genaue Anleitung finden Sie auf der inneren Umschlagseite. Scannen Sie mit der App eine Buchseite mit Kopfhörer-Symbol. Sie können dann die passenden Audios abspielen. Alternativ finden Sie unter **www.pons.de/leicht-und-locker-spanisch** die Audio-Dateien zu Ihrem Buch als Download.

Abkürzung im Buch	Bedeutung
m.	männlich
w.	weiblich
Sg.	Singular
Pl.	Plural

Viel Spaß beim Spanischlernen!

Ihre PONS-Redaktion

INHALT

1 EN LA CAFETERÍA

IM CAFÉ

Endlich sind Sie an Ihrem Urlaubsort in Spanien angekommen. Sie werden überrascht sein, wie viele Wörter Sie im Grunde genommen schon auf Spanisch kennen. Sehen Sie selbst. Welche Wörter verstehen Sie bereits?

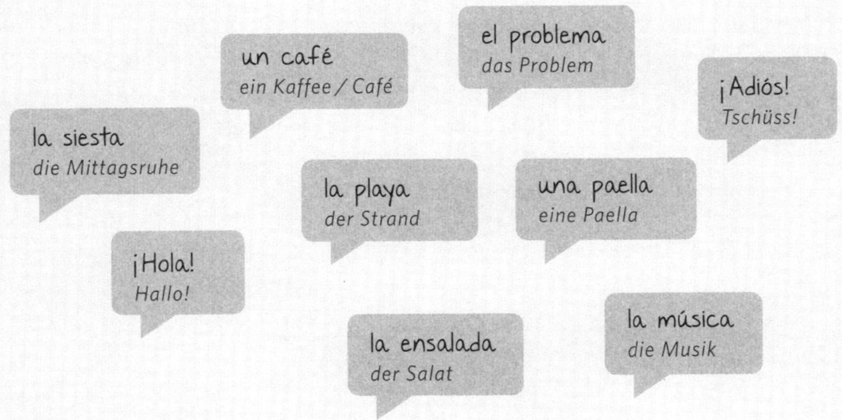

Ihr erstes spanisches Frühstück in einem Café steht an und Sie möchten bestellen? Wenn Sie diese Beispiele anwenden, wird das auch reibungslos funktionieren. Der Kellner kommt und Sie bestellen schon mal etwas zu trinken:

¡Buenos días! | Un café con leche y un zumo de naranja, | por favor.

[buénos días! un kafé kon létsche i un ßúmo de naráncha, por fawór.]
Guten Morgen! Einen Milchkaffee und einen Orangensaft, bitte.

Wenn Sie morgens bis zum spanischen Mittagessen jemanden begrüßen möchten, sagen Sie **¡Buenos días!** [buénos días!]. Fällt Ihnen am Anfang etwas auf? Nein, wir haben hier keinen Fehler gemacht! Im Spanischen steht tatsächlich auch am Anfang eines Ausrufesatzes ein Ausrufezeichen - allerdings auf dem Kopf. So sieht man sofort: Hier kommt ein Ausruf. Das Gleiche gilt übrigens auch für Fragen. Auch hier steht ein umgedrehtes Fragezeichen am Beginn eines Fragesatzes.

Jetzt schauen wir uns an, was passiert, wenn zwei Vokale wie in **buenos** [buénos] aufeinanderfolgen. Im Spanischen werden zwei aufeinanderfolgende Vokale normalerweise zusammengezogen. Im Deutschen werden sie dagegen oft getrennt ausgesprochen wie z.B. in *Samuel*. Außerdem behalten die Vokale im Spanischen ihre Laute und verwandeln sich nicht wie manchmal im Deutschen wie z.B. in *Ei* oder *Europa*. Am Anfang ist dies vielleicht etwas ungewohnt, aber mit ein bisschen Übung geht es wie von allein.

Jetzt sind Sie dran.

Wiederholen Sie zunächst die erste Silbe von **bue|nos** [buénos] mehrmals. Ziehen Sie die Vokale zusammen und sprechen Sie das **u** schwächer aus und das **e** stärker: **bue-** [bué-], **bue-** [bué-], **bue-** [bué-]. Danach hängen Sie die Silbe **-nos** an und sagen **buenos** [buénos]. Nun weiter mir **dí|as** [días]. Hier sind die Vokale in zwei unterschiedlichen Silben und müssen beide stark ausgesprochen werden. Sagen Sie jetzt laut den spanischen Morgengruß **¡Buenos días!** [buénos días!].

Toll! Jetzt können Sie bereits einen guten Morgen wünschen. Wie wäre es nun mit einem spanischen Frühstück? Der Spanier liebt es, seinen morgendlichen Kaffee in einem Café oder in einer Bar zu trinken. Genauso wie bei uns gibt es Kaffee in zahlreichen Varianten. Allerdings hat er mit unserem Filterkaffee nur wenig zu tun. Er ist viel kräftiger und vollmundiger. Die Kaffeebezeichnungen lassen sich nicht immer wörtlich übersetzen, sondern nur erklären:

un café solo [un kafé sólo]	*ein Espresso*
un café con leche [un kafé kon létsche]	*ein Milchkaffee, halb Espresso, halb Milch*
un cortado [un kortádo]	*ein Espresso mit einem Schuss Milch oder Milchschaum*
un café americano [un kafé amerikáno]	*ein Espresso mit heißem Wasser verlängert*

Und hier noch einige weitere Getränke:

un zumo de naranja [un ßúmo de naráncha]	*ein Orangensaft*
una horchata [úna ortscháta]	*eine Erdmandelmilch*
un té [un te]	*ein Tee*
un chocolate [un tschokoláte]	*eine heiße Schokolade*

Der unbestimmte Artikel richtet sich nach dem Geschlecht des Substantivs und heißt männlich **un** (*ein*) und weiblich **una** (*eine*).

Spanien ist auch bekannt als das Land, wo die Orangen blühen. Probieren Sie deshalb unbedingt mal einen **zumo de naranja natural** [un ßúmo de naráncha naturál], einen frisch gepressten Orangensaft. Und so sprechen Sie die Bestellung auch richtig aus: Der Buchstabe **z** in **zumo** [ßúmo] wird wie das **th** in dem englischen Wort *thing* ausgesprochen.

Das **j** in **naranja** [naráncha] wird ausgesprochen wie das deutsche *ch* in *Dach*.

Ein überall beliebtes Erfrischungsgetränk ist auch die **horchata** [ortscháta]. Sie wird aus Erdmandeln gewonnen und ist eine leckere Alternative zu Kuh- oder Sojamilch. Ursprünglich stammt sie aus Valencia. Dort können Sie sie auch frisch an einem der Straßenstände kaufen.
Ist Ihnen aufgefallen, dass in der Umschrift von **horchata** [ortscháta] kein **h** steht? Der Buchstabe **h** wird im Spanischen nicht gesprochen. Dahingegen wird das spanische **ch** in **horchata** [ortscháta], **leche** [létsche] oder **chocolate** [tschokoláte] ausgesprochen wie im Deutschen das *tsch* in *Matsch*.

Die dickflüssige **chocolate** [tschokoláte] ist eine wahrhaftige Kalorienbombe. Sie wird meistens nicht wie bei uns aus Kakaopulver zubereitet, sondern aus Schokoladenstücken, die unter Zugabe von Stärke in kochender Milch aufgelöst werden. Eine leckere, aber sehr mächtige Angelegenheit.

Wenn Sie einen Tee bestellen möchten, dann müssen Sie genau wissen welchen. Der Spanier unterscheidet zwischen **té** [te] und **infusión** [infusión]. Der Unterschied ist einfach: **té** bezieht sich auf koffeinhaltigen Tee wie schwarzer, grüner oder weißer Tee, die **infusión** besteht hauptsächlich aus Kräutern, Blüten oder Früchten.
So, das waren zusammengefasst die wichtigen Kalt- und Heißgetränke, die der Spanier zum Frühstück trinkt. Probieren Sie sie unbedingt mal!

Jetzt sind Sie dran.

Und nun üben Sie die Aussprache. Ordnen Sie jedem Wort die passende Umschrift zu und sprechen Sie die Wörter dann laut nach. Lesen Sie die Umschrift in den eckigen Klammern immer so als wären es deutsche Wörter, dann kommen Sie der entsprechenden spanischen Aussprache ziemlich nahe.

1. café	___ **A** [ortscháta]
2. naranja	___ **B** [tschokoláte]
3. horchata	___ **C** [ßúmo]
4. chocolate	___ **D** [kafé]
5. zumo	___ **E** [naráncha]

Lösung
1. D, **2.** E, **3.** A, **4.** B, **5.** C

Höflichkeit ist in Spanien genauso wichtig wie bei uns. Deshalb beenden Sie Ihre Bestellung mit der Wendung **por favor** [por fawór]. Das bedeutet *bitte* und sollte nicht vergessen werden. Das einfache **r** wie in **por** müssen Sie leicht rollen. Anders als im Deutschen wird das **r** vorne am Gaumen gerollt. Dabei legt sich die Zungenspitze hinter die Schneidezähne und vibriert kurz. Versuchen Sie es mal, Sie wissen ja, Übung macht den Meister.

Jetzt sind Sie dran.

Üben Sie nun, das **r** zu rollen. Um Ihre Zunge zu lockern und sich an das spanische **r** zu gewöhnen, sprechen Sie zunächst mehrmals hintereinander die Buchstabenkombination *t-d, t-d, t-d*. Werden Sie dabei immer schneller. Dann gehen Sie über zu *di-titt, di-titt, di-titt*. Im letzten Schritt sagen Sie mit **r** nur noch *tritt, tritt, tritt*. Merken Sie, wie sich Ihre Aussprache verändert? Wiederholen Sie diese Übung so oft wie möglich und bald schon werden Sie das **r** wie ein Spanier rollen.

Das war doch gar nicht so schwer, oder? Sie können Ihren ersten spanischen Satz verstehen, sprechen, wichtige Kalt- und Heißgetränke benennen und auch schon etwas bestellen.

Nun hat der Kellner Ihre Bestellung aufgenommen und wendet sich direkt an Ihre Begleitung:

¡Vale! ¿Y para usted, señor?

[wále! i pára ustéd, senjór?]
In Ordnung! Und für Sie, mein Herr?

Mit **¡Vale!** [wále] drückt der Kellner aus, dass er alles verstanden hat. **¡Vale!** heißt so viel wie *In Ordnung*! oder *Okay!* Das **v** hat im Spanischen eine besondere Aussprache: Wenn Sie genau hinhören, ist es eine Mischung aus den Buchstaben *b* und *v*. Der Buchstabe, der dieser Mischung am nächsten kommt, ist das **w**, ähnlich wie in *Wasser*. Manchmal wird der Buchstabe je nachdem, wo er im Wort steht, eher wie *b* oder wie *v* ausgesprochen.

An Ihre Begleitung richtet der Kellner die Frage: **¿Y para usted, señor?** [i pára ustéd senjór?]. Wörtlich heißt das *Und für Sie, mein Herr?* Er nennt Ihren Begleiter **señor** [senjór] und siezt ihn. Auf Deutsch klingt *mein Herr* ziemlich altbacken, aber auf Spanisch ist diese Anrede ganz normal. Eine Frau wird entsprechend **señora** [senjóra] *meine Dame* genannt. Diese Anrede fällt weg, wenn man sich duzt, dann würde der Kellner einfach nur fragen **¿Y para ti?** [i pára ti?] *Und für dich?*

Obwohl das Duzen in Spanien weit verbreitet ist, hängt es von verschiedenen Faktoren ab, ob gesiezt oder geduzt wird. Generell spielt sowohl der Vertrautheitsgrad als auch das Alter der Gesprächspartner eine wichtige Rolle. Junge Leute duzen sich in der Regel untereinander und auch Erwachsene gehen sehr schnell zum Du über, wenn sie sich besser kennen. Das Beste ist, einfach abzuwarten, ob Sie geduzt oder gesiezt werden, dann können Sie entsprechend reagieren.

Hier sehen Sie übrigens auch das umgekehrte Fragezeichen am Satzanfang. Das umgekehrte Ausrufezeichen haben Sie ja bereits kennengelernt.

Da Ihre bessere Hälfte kein Spanisch spricht, übernehmen Sie die Bestellung:

[lo siénto! mi marído no ábla espanjól. pára el un kafé sólo y úna ortscháta.]
Es tut mir leid! Mein Mann spricht kein Spanisch. Für ihn einen Espresso und eine Erdmandelmilch.

Sie können sich entschuldigen mit den Worten: **¡Lo siento!** [lo siénto!] *Es tut mir leid!*

Ihr Mann spricht also kein Spanisch. **Mi marido** heißt *mein Mann.* Andere wichtige Bezugspersonen sind:

mi mujer [mi muchér]	*meine Frau*
mi novio / -a [mi nówio / -a]	*mein / e Freund / in (partnerschaftlich)*
mi amigo / -a [mi amígo / -a]	*mein / e Freund / in (freundschaftlich)*

Es geht weiter mit einer wichtigen Struktur **(no) hablar español** *(kein) Spanisch sprechen.* Damit können Sie ausdrücken, wie gut Ihre eigenen Spanischkenntnisse sind oder die von jemand anderem: **Mi marido no habla español.** [mi marído no ábla espanjól.]. *Mein Mann spricht kein Spanisch.*

Das **no** hat hier also die Bedeutung von *kein*. Wenn Sie das **no** jetzt weglassen würden, würde der Satz das Gegenteil bedeuten: **Mi marido habla español.** [mi marído ábla espanjól.]. *Mein Mann spricht Spanisch.* Logisch, nicht wahr?

hablar (*sprechen*)
yo (*ich*) hablo
tú (*du*) hablas
él / ella / usted (*er / sie / Sie*) habla
nosotros / -as (*wir*) hablamos
vosotros / -as (*ihr*) habláis
ellos / -as / ustedes (*sie / Sie*) hablan

Von sich können Sie aber schon selbstsicher behaupten, dass Sie ein bisschen **un poco de** [un póco de] Spanisch sprechen: **Hablo un poco de español.** *[áblo un póco de espanjól]*

Wenn Sie jetzt gefragt werden **¿Habla español?** [ábla espanjól?] *Sprechen Sie Spanisch?* oder **¿Hablas español?** [áblas espanjól?] *Sprichst du Spanisch?* können Sie bereits darauf antworten.

Jetzt sind Sie dran.

¿Habla español? Erzählen Sie über die Sprachkenntnisse folgender Personen und sprechen Sie die Sätze laut nach. Sehen Sie sich vorher oben die Tabelle mit dem Verb **hablar** an.

1. Meine Freundin spricht kein Spanisch.

2. Ich spreche ein bisschen Spanisch.

3. Ana und Pepe sprechen Spanisch.

4. Mein Freund spricht ein bisschen Spanisch.

Lösung
1. Mi amiga / mi novia no habla español.
2. Hablo un poco de español.
3. Ana y Pepe hablan español.
4. Mi amigo / mi novio habla un poco de español.

Die Anwort auf die Frage **¿Y para usted, señor?** [i pára ustéd senjór?] *Und für Sie?* müsste heißen **Para mí...** [pára mi] *Für mich ...* Danach zählt man auf, was man möchte. Hier übernimmt aber die Frau die Bestellung des Espressos und der Erdmandelmilch für ihren Mann und sagt deshalb **Para él...** [pára el] *Für ihn ...* Wenn es sich um eine Frau handeln würde, müssten Sie **Para ella...** [pára éja] *Für sie ...* sagen.

Jetzt sind Sie dran.

¿Y para usted? Der Kellner fragt Sie, was Sie und Ihre Begleitung trinken möchten. Antworten Sie ihm, indem Sie aus den durcheinandergeratenen Wörtern Sätze bilden. Sprechen Sie danach die spanischen Sätze laut nach.

1. **para café mí leche favor un por con**

2. **horchata para una mí**

3. **de ella un favor zumo por naranja para**

4. **él por té favor un para**

5. **chocolate un mí para**

Lösung
1. Para mí un café con leche, por favor.
2. Para mí una horchata.
3. Para ella un zumo de naranja, por favor.
4. Para él un té, por favor.
5. Para mí un chocolate.

Nachdem Sie die Getränkebestellung nun perfekt beherrschen, kommen wir nun zum Essen.

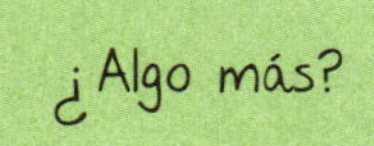

[álgo mas?]
Noch etwas?

Der Kellner stellt Ihnen mit **¿Algo más?** [álgo mas?] die Frage, ob Sie noch etwas bestellen möchten. Na klar wollen Sie das, bisher ist es ja nur ein halbes Frühstück. Wenn Sie nichts mehr bestellen möchten, müssen Sie dagegen einfach sagen: **Nada más.** [náda mas.], was wörtlich *Nichts mehr.* heißt.

Jetzt aber zum spanischen Frühstücksangebot. Es variiert zwar nach Region, dennoch gibt es Dinge, die vielerorts beliebt und geschätzt sind. Und diese wollen Sie und Ihre Begleitung nun probieren.

Sí. | Para mí | seis churros y un pincho de tortilla
y para él | dos panes con tomate y una ensaimada.

[sí, pára mi seis tschúrros i un píntscho de tortíja i pára el dos pánes con tomáte i úna ensaimáda]
Ja. Für mich sechs Churros und ein Stück Tortilla und für ihn zwei Brote mit Tomate und eine Ensaimada.

un churro [un tschúrro]	*ein frittiertes Spritzgebäck*
un pincho de tortilla (un píntscho de tortíja]	*ein Stück Tortilla*
un pan con tomate (un pan kon tomáte)	*ein Brot mit Tomate*
una ensaimada [úna ensaimáda]	*ein Schmalzgebäck*
un bollo [un bójo]	*ein Gebäckstück*

An **churros** [tschúrros] kommen Sie in Spanien nicht vorbei. **Churros** sind ein frittiertes Spritzgebäck aus Brandteig. Man tunkt sie entweder in **chocolate** [tschokoláte] oder isst sie einfach pur mit etwas Zucker. Es ist üblich, immer mehrere zu bestellen.

Eine andere Spezialität, die ursprünglich aus Mallorca kommt, ist die **ensaimada** [ensaimáda]. Inzwischen bekommt man die Hefeschnecke jedoch landesweit. Aber Achtung Vegetarier: Eine der Hauptzutaten ist Schweineschmalz. Bestellen Sie als Alternative einfach ein **bollo** [bójo], dann bekommen Sie ein süßes Teilchen.

Eine herzhafte Köstlichkeit, bei der einem das Wasser buchstäblich im Munde zusammenläuft, ist das **pan con tomate** [pan kon tomáte], das seine Wurzeln in der katalanischen Küche hat. Die Zubereitung ist einfach: Geröstetes Brot **pan** [pan] wird mit einer Knoblauchzehe eingerieben. Danach wird eine Tomatenhälfte darüber zerrieben und das Ganze mit Ölivenöl beträufelt und gesalzen.

Über Essen zu reden, macht bekanntlich hungrig. Um Sie jetzt von Ihrem knurrenden Magen abzulenken, üben Sie nun noch ein bisschen die Aussprache. Das **ll** gilt im spanischen Alphabet als eigenständiger Buchstabe und wird wie das deutsche *j* in *ja* ausgesprochen. Die richtige Aussprache von **bollo** lautet im Spanischen also [bójo], ebenso **tortilla** [tortíja] und **Mallorca** [Majórka]. Sprechen Sie hier also kein *l*!

Jetzt sind Sie dran.

Das einfache **r** haben Sie ja bereits geübt. Während dieses nur leicht gerollt wird, wird das doppelte **rr** wie in **churro** stärker gerollt. Versuchen Sie es einmal! Wiederholen Sie die Zungenübung von Seite 11. Am besten machen Sie das vor einem Spiegel, um die Bewegung Ihrer Zunge besser zu beobachten. Sagen Sie danach mehrmals laut hintereinander das Wort **churro** [tschúrro]. Am Anfang können Sie mit der Betonung ruhig übertreiben.

So, nachdem Sie jetzt schon einiges über spanische Leckereien wissen, brauchen Sie nun die Zahlen, damit Sie immer die richtige Anzahl von allem bekommen.

0 **cero** [ßéro]
1 **uno** [úno]
2 **dos** [dos]
3 **tres** [tres]
4 **cuatro** [kuátro]
5 **cinco** [ßínko]
6 **seis** [seis]
7 **siete** [siéte]
8 **ocho** [ótscho]
9 **nueve** [nuéwe]
10 **diez** [diéß]

Wie Sie bereits wissen, sagt man beim unbestimmten Artikel vor einem Substantiv **un** (*ein*) und **una** (*eine*). Beim Zählen heißt es **uno** (*eins*).

Jetzt sind Sie dran.

Uno, dos, tres... Zählen Sie mehrmals von 0 bis 10. Wenn das klappt, versuchen Sie es einfach rückwärts. Wichtig ist das ständige Wiederholen der Zahlen, denn bald kommen noch weitere dazu. Zählen Sie alles, was Ihnen im Alltag begegnet, ob Treppenstufen, Schritte oder Tomaten ... und wenn Sie bei 10 angekommen sind, fangen Sie wieder von vorn an.

Sie haben bereits **seis churros** [seis tschúrros] und **dos panes con tomate** [dos pánes kon tomáte] bestellt. Sie sind nun fast schon ein Experte.

Endet das Substantiv im Singular auf Vokal **-o / -a**, hängt man im Plural ein **-s** an: **un churro - seis churros**. Endet das Substantiv auf Konsonant, hängt man im Plural **-es** an: **un pan - dos panes.**

Jetzt sind Sie dran.

Para mí... Bestellen Sie nun unterschiedliche Mengen süßer und herzhafter Leckereien. Vergessen Sie dabei nicht, höflich zu sein.

1. drei Ensaimadas und zwei Stücke Tortilla

2. acht Churros und vier Brote mit Tomate

3. ein Stück Tortilla und sechs Churros

4. sieben Gebäckstücke und fünf Brote mit Tomate

Lösung

1. Tres ensaimadas y dos pinchos de tortilla, por favor.
2. Ocho churros y cuatro panes con tomate, por favor.
3. Un pincho de tortilla y seis churros, por favor.
4. Siete bollos y cinco panes con tomate, por favor.

Jetzt ist Ihre Frühstücksbestellung fast geschafft. Der Kellner wendet sich aber erneut an Sie.

¿Eso es todo?

[éso es tódo?]
Ist das alles?

Mit der Frage **¿Eso es todo?** [éso es tódo?] versichert sich der Kellner noch einmal, ob Sie wirklich alles bestellt haben, was Sie möchten. Aber mehr passt wirklich nicht auf den kleinen runden Tisch. Deshalb beenden Sie den Bestellvorgang.

Sí. ¡Muchas gracias!

[si. mútschas gráßias!]
Ja. Vielen Dank!

Sie bejahen mit **sí** [si] und bedanken sich mit **¡Muchas gracias!** [mútschas gráßias!] *Vielen Dank!*

Noch einen Satz zur Aussprache von **c** in **gracias** [gráßias]. Das **c** wird vor **-e** und **-i** wie das englische **th** in **thing** ausgesprochen: **cero** [ßéro] / **cinco** [ßínko]. Sie erinnern sich: Das spanische **z** in **zumo** [ßúmo] wird genauso ausgesprochen.

Sie haben jetzt schon die ersten Schritte in der spanischen Sprache geschafft! Doch es war auch sehr viel Neues in der ersten Lektion, aber keine Sorge, wir wiederholen zusammen immer die wichtigsten Dinge.

Jetzt sind Sie dran.

Hier sehen Sie nun alle Wörter, die Sie in dieser Lektion gelernt haben. Damit es nicht zu viel auf einmal ist, haben wir die Wörter extra in kleine Häppchen zusammengefasst. Lernen Sie immer nur die Wörter eines Abschnittes und erst wenn diese sitzen, gehen Sie zum nächsten. Am besten verteilen Sie die Wörter auch auf mehrere Tage.

TR. 1

¡Buenos días! [buénos días!]	*Guten Morgen! / Guten Tag!*
y [i]	*und*
¿Y para usted? [i pára ustéd?] / **¿Y para ti?** [i pára ti]	*Und für Sie? / Und für dich?*
para mí... [pára mi]	*für mich*
para él... [pára el] / **para ella...** [pára éja]	*für ihn / für sie*
el señor [el senjór] / **la señora** [la senjóra]	*der Herr / die Dame*
por favor [por fawór]	*bitte*
¡Muchas gracias! [mútschas gráßias!]	*Vielen Dank!*
¡Vale! [wále!]	*Okay!*
¿Algo más? [álgo mas?]	*Noch etwas?*
Nada más. [náda mas.]	*Nichts mehr.*
¿Eso es todo? [eso es tódo?]	*Ist das alles?*
sí [si]	*ja*
¡Lo siento! [lo siénto!]	*Es tut mir leid!*

TR. 2

hablar [ablár]	*sprechen*
¿Habla español? [ábla espanjól?] / **¿Hablas español?** [áblas espanjól?]	*Sprechen Sie Spanisch? / Sprichst du Spanisch?*
Hablo español. [áblo espanjól.]	*Ich spreche Spanisch.*
No hablo español. [no áblo espanjól.]	*Ich spreche kein Spanisch.*
un poco [un póko] / **un poco de** [un póko de]	*ein bisschen / etwas*
Hablo un poco de español. [áblo un póko de espanjól.]	*Ich spreche ein bisschen Spanisch.*

1 EN LA CAFETERÍA

TR. 3

en [en]	*in / auf*
la cafetería [la kafetería]	*das Café*
un café americano [un kafé amerikáno]	*ein Espresso mit heißem Wasser verlängert*
un café con leche [un kafé kon létsche]	*ein Milchkaffee*
un café solo [un kafé sólo]	*ein Espresso*
un chocolate [un tschokoláte]	*eine heiße Schokolade*
un cortado [un kortádo]	*ein Espresso mit einem Schuss Milch oder Milchschaum*
una horchata [úna ortscháta]	*eine Erdmandelmilch*
un té [un te]	*ein Tee*
un zumo de naranja (natural) [un ßúmo de narántcha (naturál)]	*ein (frisch gepresster) Orangensaft*

TR. 4

un bollo [un bójo]	*ein Gebäckstück*
un churro [un tschúrro]	*ein frittiertes Spritzgebäck*
una ensaimada [ensaimáda]	*ein Schmalzgebäck*
un pan con tomate [un pan kon tomáte]	*ein Brot mit Tomate*
un pincho de tortilla [un píntscho de tortíja]	*ein Stück Tortilla*

TR. 5

un [un] / **una** [úna]	*ein / eine*
cero [ßéro]	*null*
uno [úno]	*eins*
dos [dos]	*zwei*
tres [tres]	*drei*
cuatro [kuátro]	*vier*
cinco [ßínko]	*fünf*
seis [seis]	*sechs*
siete [siéte]	*sieben*
ocho [ótscho]	*acht*
nueve [nuéwe]	*neun*
diez [diéß]	*zehn*

TR. 6

mi marido [mi marído] — *mein Mann*
mi mujer [mi muchér] — *meine Frau*
mi novio [mi nówio] / **mi novia** [mi nówia] — *mein Freund / meine Freundin* (partnerschaftlich)
mi amigo [mi amígo] / **mi amiga** [mi amíga] — *mein Freund / meine Freundin* (freundschaftlich)

Hören Sie nun den ganzen Dialog im Café. Jetzt verstehen Sie jedes Wort, oder?

TR. 7

- ● ¡Buenos días! Un café con leche y un zumo de naranja, por favor.
- ○ ¡Vale! ¿Y para usted, señor?
- ● ¡Lo siento! Mi marido no habla español. Para él un café solo y una horchata.
- ○ ¿Algo más?
- ● Sí. Para mí seis churros y un pincho de tortilla y para él dos panes con tomate y una ensaimada.
- ○ ¿Eso es todo?
- ● Sí. Muchas gracias.

Und nun üben Sie nochmal mit den Bausteinen Sätze zu bilden:

	un café solo,	
Para mí	un zumo de naranja,	por favor.
	seis churros,	

2 EN EL CAMPING
AUF DEM CAMPINGPLATZ

Nun kennen Sie schon einige Wörter, aber das ist nur der Anfang. Lektion für Lektion werden Sie Ihren Wortschatz erweitern, um in Spanien gut zurechtzukommen. Diese Wörter kennen Sie schon, oder?

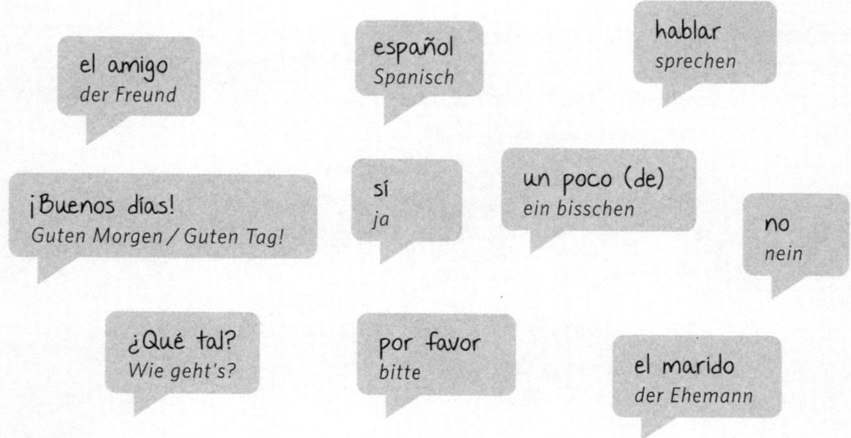

Sie sind auf einem Campingplatz in der Nähe von Málaga im südspanischen Andalusien angekommen. Eine tolle Gelegenheit, Ihr Spanisch zu testen und mit Spaniern in Kontakt zu kommen, die genauso wie Sie Erholung unter freiem Himmel suchen. Die folgenden Beispiele helfen Ihnen dabei, sich vorzustellen und das Eis zu brechen.

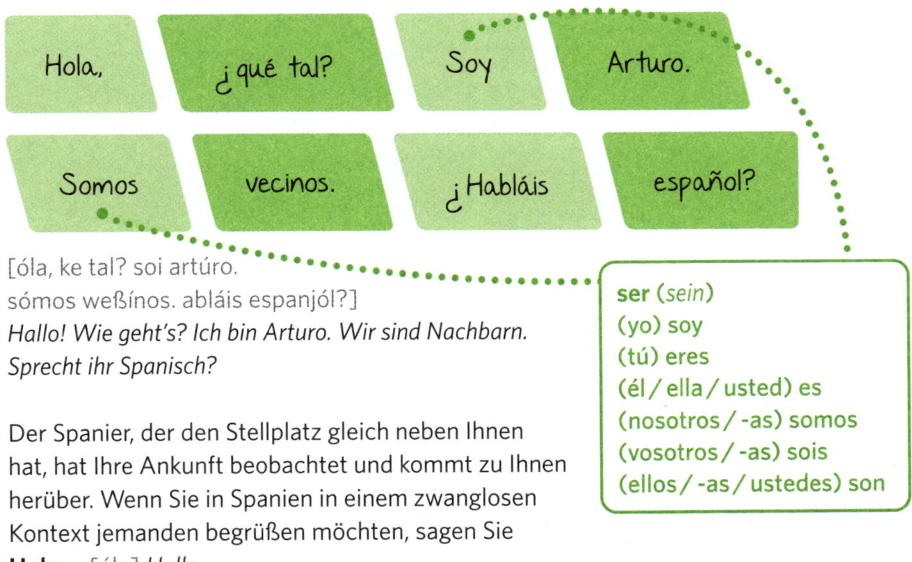

[óla, ke tal? soi artúro.
sómos weßínos. abláis espanjól?]
Hallo! Wie geht's? Ich bin Arturo. Wir sind Nachbarn. Sprecht ihr Spanisch?

ser (*sein*)
(yo) soy
(tú) eres
(él / ella / usted) es
(nosotros / -as) somos
(vosotros / -as) sois
(ellos / -as / ustedes) son

Der Spanier, der den Stellplatz gleich neben Ihnen hat, hat Ihre Ankunft beobachtet und kommt zu Ihnen herüber. Wenn Sie in Spanien in einem zwanglosen Kontext jemanden begrüßen möchten, sagen Sie **Hola,...** [óla] *Hallo, ...*

Oft wird im gleichen Atemzug noch die Frage **¿Qué tal?** [ke tal?] *Wie geht's?* angeschlossen. Hier handelt es sich aber keinesfalls um eine Frage nach Ihrem Wohlbefinden, sondern einfach um den Teil einer Begrüßungsfloskel, ähnlich wie das englische *How are you?*
Diese Frage wird unter flüchtigen Bekannten oder in einer Kennenlernsituation ausschließlich mit **¡Muy bien!** [mui bién!] *Sehr gut!* oder **¡Bien!** [bién!] *Gut!* beantwortet. Eine negative Antwort würde Erstaunen hervorrufen und das Begrüßungsritual stören. Manchmal hat man sogar die Gelegenheit, die Gegenfrage **¿Y tú?** [i tu?] *Und dir?* zu stellen, aber meistens kommt man erst gar nicht dazu, weil das Gegenüber keine Antwort auf seine Frage erwartet und einfach weiterredet.
Sprechen Sie das **qu** in **¿Qué?** [ke] wie das deutsche *k* in *Kuss* aus.

Nachdem Ihr Zeltnachbar Sie begrüßt hat, stellt er sich mit den Worten **Soy Arturo.** [soi artúro.] *Ich bin Arturo.* vor. Das ist aber nur eine Möglichkeit zu sagen, wer man ist. Eine andere lernen Sie später noch kennen.

Jetzt erklärt Arturo mit **Somos vecinos.** [sómos weßínos.] *Wir sind Nachbarn.*, dass er den Stellplatz neben Ihnen hat. Nun kennen Sie also schon die Formen **soy** [soi] *ich bin* und **somos** [sómos] *wir sind* des Verbs **ser** [ser] *sein*. Man braucht dieses Verb u.a., um sich oder jemand anderen vorzustellen, um zwischenmenschliche Beziehungen auszudrücken oder um zu sagen, woher man kommt. Das **s** wird scharf ausgesprochen. Es klingt also ähnlich wie unser Eszett.

Jetzt sind Sie dran.

Soy... Verbinden Sie die Satzteile zu sinnvollen Sätzen.

1. ¿Vosotros	___ **A** somos amigos.
2. Yo	___ **B** soy Graciela y ella es Bea.
3. Ana y Arturo	___ **C** sois vecinos?
4. Elena y yo	___ **D** eres Sergio?
5. ¿Tú	___ **E** es mi marido.
6. Pedro	___ **F** son novios.

Lösung
1. C, **2.** B, **3.** F, **4.** A, **5.** D, **6.** E

Arturo spricht weiter. Die Frage nach Ihren Spanischkenntnissen **¿Habláis español?** [abláis espanjól?] *Sprecht ihr Spanisch?* kennen Sie bereits aus Lektion 1. Erinnern Sie sich noch, wie man *Sprichst du Spanisch?* sagt? Genau: **¿Hablas español?** [áblas espanjól?]. Die Antwort darauf geben Sie gleich:

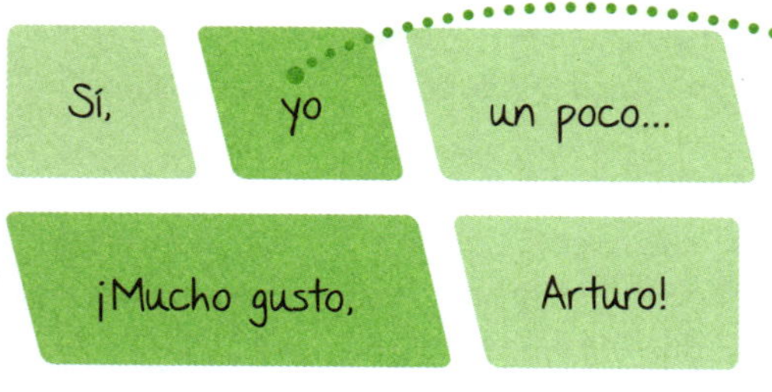

[si, jo un póko... mútscho gústo, artúro!]
Ja, ich ein bisschen ... Sehr erfreut, Arturo!

Subjektpronomen
yo *ich*
tú *du*
él *er*, **ella** *sie*, **usted** *Sie*
nosotros / nosotras *wir*
vosotros / vosotras *ihr*,
ellos / ellas *sie*, **ustedes** *Sie*
Bei rein weiblichen Gruppen verwendet man **nosotras, vosotras** und **ellas.** Ist mindestens ein Mann dabei, verwendet man **nosotros, vosotros** und **ellos.**

Natürlich, Sie sprechen ja ein bisschen Spanisch. Das drücken Sie mit **Sí, yo un poco...** [si, jo un póko...] *Ja, ich ein bisschen ...* aus. Fällt Ihnen etwas auf? Hier sehen Sie mit **yo** [jo] nämlich zum ersten Mal ein Subjektpronomen. Sie werden im Spanischen nur gebraucht, wenn man eine Person besonders hervorheben möchte, oder um Verwechslungen zu vermeiden. In allen anderen Fällen reicht die Verbform aus, da man an der Endung erkennt, um welche Person es sich handelt.

Jetzt sind Sie dran.

Hola. Verbinden Sie die passenden Dialogteile.

1. Hola, ¿vosotras sois Carmen y Ana?	___ **A** ¿Ellos? Ellas son Marta y Alejandra.
2. Somos Pedro y María. ¿Y vosotros?	___ **B** ¡Mucho gusto!
3. Nosotras somos Isabel y Patricia.	___ **C** Sí, nosotras somos Carmen y Ana.
4. ¿Ellos son Marta y Alejandro?	___ **D** Nosotros somos Cristina y Jorge.

Lösung
1. C, **2.** D, **3.** B, **4.** A

Die Antwort auf Arturos Vorstellung **Soy Arturo.** [soi artúro.] *Ich bin Arturo.* lautet: **¡Mucho gusto, Arturo!** [mútscho gústo, artúro!] *Sehr erfreut, Arturo!* Im Spanischen hört man **¡Mucho gusto!** [mútscho gústo!] *Sehr erfreut!* sehr oft bei Vorstellungs- oder Begrüßungsrunden. Im Gegensatz zum Deutschen klingt es viel weniger förmlich. Man kann aber ebenso **¡Encantado!** [enkantádo!] / **¡Encantada!** [enkantáda!] *Hocherfreut!* verwenden. Männer sagen **¡Encantado!** und Frauen **¡Encantada!**

Jetzt sind Sie dran.

¿Encantado o encantada? Wie reagieren Sie auf folgende Fragen oder Sätze richtig? Kreuzen Sie die passende Antwort an.

1. Hola, ¿qué tal?
☐ **A** ¡Bien!
☐ **B** Soy Arturo.
☐ **C** Yo un poco...

2. ¿Hablas español?
☐ **A** Sí, hablo un poco de español.
☐ **B** Hola, ¿qué tal?
☐ **C** ¡Muchas gracias!

3. Soy Elena.
☐ **A** ¡Gracias!
☐ **B** ¡Mucho gusto!
☐ **C** ¡Lo siento!

4. Hola, Ana, soy Daniel.
☐ **A** ¡Encantado!
☐ **B** ¡Encantada!
☐ **C** ¡Vale!

Lösung
1. A, **2.** A, **3.** B, **4.** B

Nachdem Sie zum Ausdruck gebracht haben, dass Sie sich über die neue Bekanntschaft freuen, stellen Sie sich und Ihre Begleitung vor:

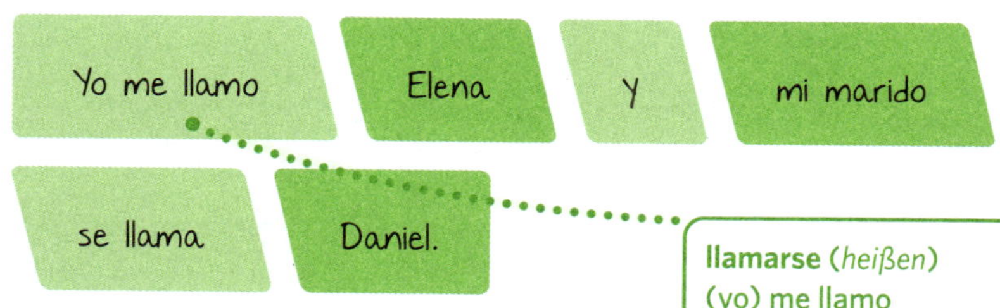

llamarse (*heißen*)
(yo) me llamo
(tú) te llamas
(él / ella / usted) se llama
(nosotros / -as) nos llamamos
(vosotros / -as) os llamáis
(ellos / -as / ustedes) se llaman

[jo me jámo eléna i mi marído se jáma daniél.]
Ich heiße Elena und mein Mann heißt Daniel.

Hier sehen Sie noch einmal das Subjektpronomen **yo** [jo] *ich*. Es wird gebraucht, um Elena im Vergleich zu **mi marido** [mi marído] *mein Mann*, nämlich Daniel, hervorzuheben und so einer Verwechslung vorzubeugen. Die Struktur **Soy** [soi] + *Name* kennen Sie schon, um zu sagen, wie Sie heißen. Nun lernen Sie noch eine weitere Struktur kennen: **Me llamo** [me jámo...] + *Name*. Wortwörtlich übersetzt heißt das *Ich nenne mich* ... Klar, so würde man das auf Deutsch nicht sagen, sondern einfach nur *Ich heiße* ...

Wenn Sie wissen möchten, wie jemand heißt, lautet die passende Frage entweder **¿Cómo te llamas?** [kómo te jámas?] *Wie heißt du?* oder **¿Cómo se llama?** [kómo se jáma?] *Wie heißen Sie?* **¿Cómo?** [kómo?] heißt einfach *Wie?*

Hier sehen Sie noch einmal in der Übersicht, wie man nach dem Namen fragt und wie Sie sagen, wie Sie oder jemand anderes heißt.

¿Cómo te llamas? [kómo te jámas?]	*Wie heißt du?*
¿Cómo se llama? [kómo se jáma?]	*Wie heißen Sie?*
Me llamo... [me jámo...]	*Ich heiße ...*
¿Y tú? [i tu?] **/ ¿Y usted?** [i ustéd?]	*Und du? / Und Sie?*
Él / Ella se llama... [el / éja se jáma...]	*Er / Sie heißt ...*
Mi marido se llama... [mi marído se jáma...]	*Mein Mann heißt ...*
Mi mujer se llama... [mi muchér se jáma...]	*Meine Frau heißt ...*

Mi novio / novia se llama... [mi nówio / -a se jáma...] *Mein Freund / meine Freundin heißt ... (partnerschaftlich)*

Mi amigo / amiga se llama... [mi amígo / -a se jáma ...] *Mein Freund / meine Freundin heißt ...*

Jetzt sind Sie dran.

¿Cómo te llamas? Wiederholen Sie die ungewohnte Wendung mit **llamarse**. Verbinden Sie nun die Satzhälften zu sinnvollen Sätzen.

1. ¿Cómo se	___ **A** llamamos Sánchez.
2. Él se	___ **B** llamas?
3. ¿Cómo os	___ **C** llamo Susana. ¿Y tú?
4. Ellos se	___ **D** llamáis?
5. ¿Cómo te	___ **E** llama usted?
6. Hola, me	___ **F** llama Enrique y ella Luisa.
7. Nos	___ **G** llaman Epi y Blas.

Lösung
1. E, **2.** F, **3.** D, **4.** G, **5.** B, **6.** C, **7.** A

Daniel | no habla | español, | pero | habla | muy bien | inglés.

[daniél no ábla espanjól, péro ábla mui bién inglés.]
Daniel spricht kein Spanisch, aber er spricht sehr gut Englisch.

Mit diesem Beispiel lernen Sie, wie Sie über Sprachkenntnisse sprechen können. Die Struktur **Daniel no habla español,...** [daniél no ábla espanjól,...] *Daniel spricht kein Spanisch, ...* kennen Sie bereits aus Lektion 1.

No bedeutet *nein, nicht* oder *kein*. Die Verneinung steht vor dem Verb. Oft wird wie im Deutschen zweimal verneint:
¿Hablas inglés?
Sprichst du Englisch?
No, no hablo inglés.
Nein, ich spreche kein Englisch.

Aber ganz ohne Fremdsprachen geht es dann doch nicht, **...pero habla muy bien inglés.** [...péro ábla mui bién inglés.] ... *aber er spricht sehr gut Englisch.* Er spricht sogar **muy bien** [mui bién] *sehr gut*. Sie könnten aber auch sagen: **Habla bien inglés.** [ábla bién inglés] *Er spricht gut Englisch.* oder **Habla un poco de inglés.** [ábla un póko de inglés.] *Er spricht ein bisschen Englisch.*

Andere Sprachen sind:

alemán [alemán]	*Deutsch*
francés [franßés]	*Französisch*
inglés [inglés]	*Englisch*
italiano [italiáno]	*Italienisch*
polaco [poláko]	*Polnisch*
turco [túrko]	*Türkisch*

Jetzt sind Sie dran.

¿Habla / s... ? Ordnen Sie jeder Frage die passende Antwort zu.

1. ¿Hablas español?	___ **A** ¡Lo siento! No hablamos alemán.
2. ¿Habla italiano?	___ **B** No, no habla español, pero habla muy bien inglés.
3. ¿Habláis alemán?	___ **C** Sí, hablo un poco de español.
4. ¿Daniel habla español?	___ **D** No, no hablo francés, pero hablo muy bien polaco.
5. ¿Hablas francés?	___ **E** Sí, hablo italiano.

Lösung
1. C, **2.** E, **3.** A, **4.** B, **5.** D

Sie haben bereits mehrfach Beispiele gesehen, wie man jemanden siezt, z. B. **¿Cómo se llama?** *Wie heißen Sie?* oder wie hier in der Übung **¿Habla italiano?** *Sprechen Sie Italienisch?* Wenn Sie also eine einzelne Person siezen, benutzen Sie die Verbform der 3. Person Singular mit dem Pronomen usted, das man wie immer auch weglassen kann: **¿Cómo se llama (usted)?** Wenn Sie mehrere Personen siezen, verwenden Sie die Verbform der 3. Person Plural und **ustedes: ¿Cómo se llaman (ustedes)?**

Prima! Nun können Sie auch schon problemlos sagen, wie gut Sie eine Fremdsprache beherrschen. Aber zurück zum Campingplatz, wo sich Arturo wieder zu Wort meldet.

[mui bién! mi nówia se jáma ána. nosótros también ablámos inglés. de dónde sois?]
Sehr gut! Meine Freundin heißt Ana. Wir sprechen auch Englisch. Woher seid ihr?

Zustimmend reagiert Arturo auf Elenas Auskünfte mit einem **¡Muy bien!** [mui bién!] *Sehr gut!* Er könnte je nach Begeisterungsgrad und Altersgruppe auch Ausrufe wie **¡Perfecto!** [perfékto] *Perfekt!* oder **¡Genial!** [cheniál] *Genial!* benutzen.

Mit **Mi novia se llama Ana.** [mi nówia se jáma ána.] *Meine Freundin heißt Anna.* stellt Arturo seine Partnerin vor, um dann von den Sprachkenntnissen beider zu sprechen.

Er sagt, dass er und Ana auch Englisch sprechen und möchte dabei seine und Anas Sprachkenntnisse besonders betonen. Deshalb steht hier **nosotros** [nosótros] *wir*. Der Kommunikation mit Daniel steht also nichts mehr im Wege. Das wird durch **también** [también] *auch* zusätzlich verstärkt. Auf einen Satz wie **Hablo inglés.** [áblo inglés.] *Ich spreche Englisch.* könnten Sie auch einfach mit **Yo también.** [jo también.] *Ich auch.* antworten.

Anschließend haben Sie eine Frage gesehen, die Sie sicherlich sehr oft hören werden und auch selbst stellen werden: **¿De dónde sois?** [de dónde sois?] *Woher seid ihr?* Man möchte ja wissen, mit wem man es zu tun hat. Die Frage setzt sich zusammen aus dem Fragepronomen **¿De dónde?** [de dónde?] *Woher?* und einer Form von **ser** [ser] *sein*. Möchten Sie eine Einzelperson nach ihrer Herkunft fragen, heißt es **¿De dónde eres?** [de dónde éres?] *Woher bist du?*

Arturo duzt Elena hier, wenn man allerdings mehrere Personen siezt, dann fragt man **¿De dónde son?** [de dónde son?]. Fragt man eine einzelne Person, die man siezt, heißt es **¿De dónde es?** [de dónde es?].

Nun üben Sie, wie man auf diese Frage antwortet und eine Gegenfrage stellt.

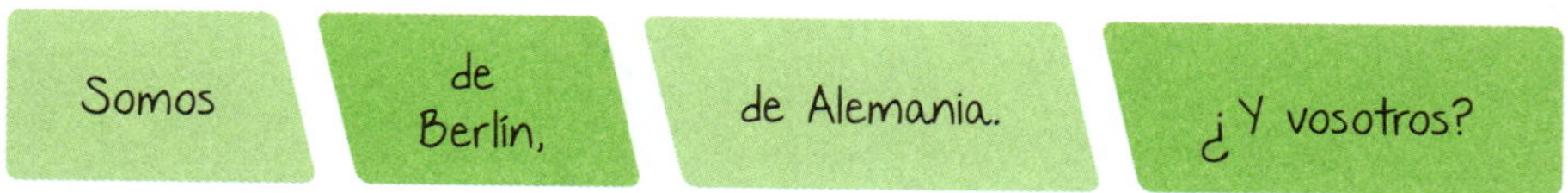

[sómos de berlín, de alemánia. i wosótros?]
Wir sind aus Berlin, aus Deutschland. Und ihr?

Mit der Strukur **somos de** + *Herkunftsort/-land* [sómos de ...] *wir sind aus ...* bzw. **soy de** + *Herkunftsort/-land* [soi de ...] *ich bin aus ...* drückt man aus, woher man kommt. In diesem Satz gibt Elena den Herkunftsort **Berlín** [berlín] sowie das Herkunftsland **Alemania** [alemánia] *Deutschland* an. *Stadt* heißt übrigens **la ciudad** [la ßiudád].

Einige Städte heißen auf Spanisch anders: In **Alemania** *Deutschland* ist z.B. **Múnich** [múnitsch] *München* oder **Fráncfort del Meno** [fránkfort del méno] *Frankfurt am Main*, in **Austria** [áustria] *Österreich* **Viena** [wiéna] *Wien* oder **Salzburgo** [salßbúrgo] *Salzburg* und in **Suiza** [suíßa] *Schweiz* **Berna** [bérna] *Bern* oder **Zúrich** [ßúritsch] *Zürich*.

Jetzt sind Sie dran.

¿De dónde sois? Sagen Sie auf Spanisch, woher die Personen sind und sprechen Sie die Sätze laut nach.

1. Ich bin aus München, aus Deutschland.

Soy de Múnich, de Alemania.

2. Heidi ist aus Bern, aus der Schweiz.

3. Wir sind aus Salzburg, aus Österreich.

4. Sie sind aus Frankfurt am Main, aus Deutschland.

5. Bist du aus Bern, aus der Schweiz?

Lösung
2. Heidi es de Berna, de Suiza.
3. Somos de Salzburgo, de Austria.
4. Son de Fráncfort del Meno, de Alemania.
5. ¿Eres de Berna, de Suiza?

Klar, Arturo und seine Freundin sind Spanier. Das ist auch nicht zu überhören. Aber woher genau kommen die beiden? Das lässt sich mit einer kurzen Frage klären. **¿Y vosotros?** [i wosótros?] heißt *Und ihr?* **¿Y tú?** [i tu?] heißt demnach *Und du?*

Jetzt sind Sie aber gespannt, woher die beiden kommen.

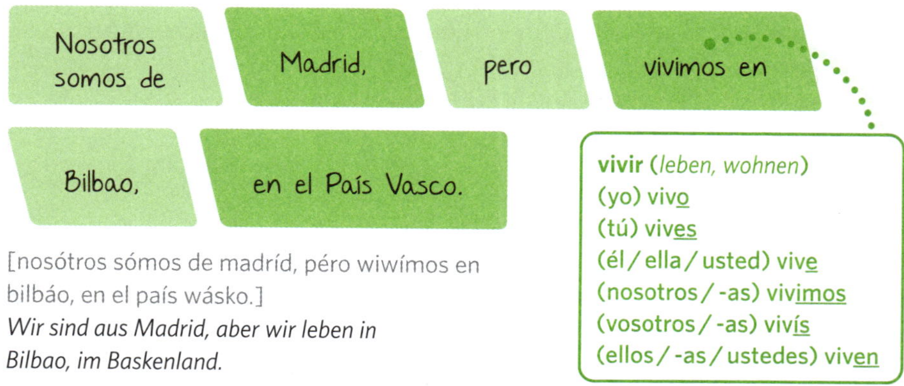

[nosótros sómos de madríd, péro wiwímos en bilbáo, en el país wásko.]
Wir sind aus Madrid, aber wir leben in Bilbao, im Baskenland.

La capital de España [la kapitál de espánja] *die Hauptstadt von Spanien* ist **Madrid** [madríd]. Die beiden kommen ursprünglich also aus Madrid. In manchen Regionen, auch in Madrid, wird das **-d** am Wortende so ähnlich ausgesprochen wie das englische *th*, dort sagt man also **Madrid** [madríß] und nicht [madríd]. Arturo und Ana wohnen jetzt in Bilbao, der größten Stadt im Baskenland, auch bekannt für ihr Guggenheim-Museum. Wenn Sie wissen wollen, wo jemand lebt, fragen Sie **¿Dónde vives?** [dónde wíwes?] *Wo lebst du?*, wenn Sie duzen und **¿Dónde vive?** [dónde wíve] *Wo leben Sie?*, wenn Sie jemanden siezen. **¿Dónde?** [dónde] heißt *Wo?*

Jetzt sind Sie dran.

Vivo en... Reagieren Sie auf die Fragen mit den passenden Antworten. Achten Sie auf die Verbform.

1. ¿Dónde vives?
- ☐ **A** Vive en Viena.
- ☐ **B** Viven en Múnich.
- ☐ **C** Vivo en Hamburgo.

2. Vivimos en Madrid. ¿Y vosotros?
- ☐ **A** Vives en Fráncfort del Meno.
- ☐ **B** Vivimos en Berna.
- ☐ **C** Vivís en Berlín.

3. Vivo en Viena, en Austria. ¿Y ellos?
- ☐ **A** Viven en Madrid.
- ☐ **B** Vivo en Bilbao.
- ☐ **C** Vive en Zúrich.

4. ¿Dónde vivís?
- ☐ **A** Luis vive en Granada y yo en Málaga.
- ☐ **B** Viven en Córdoba.
- ☐ **C** Vive en Sevilla.

Lösung
1. C, **2.** B, **3.** A, **4.** A

Wenn Sie Spanier kennenlernen, werden Sie schnell feststellen, dass jeder zwei Nachnamen hat. Bei der Heirat behalten beide Ehepartner ihre eigenen Nachnamen. Wenn ein Kind geboren wird, bekommt das Kind den ersten Nachnamen beider Elternteile. So hieße **Cristina**, das Kind von **Antonio García Aranda** und **Cinta Pérez Lej**, mit Nachnamen **García Pérez**, also **Cristina García Pérez**. Heute können die Eltern die Reihenfolge der Nachnamen festlegen, trotzdem wird der Nachname des Vaters aber in der Regel an erster Stelle genannt. Im Alltag wird aber oft nur ein Nachname genannt, meist der erste.

Jetzt sind Sie dran.

Hola, ¿qué tal? Vervollständigen Sie die Sätze mit den passenden Wörtern und lesen Sie sie laut vor.

se llama **un poco de** **pero** **somos** **¿qué tal?**

1. Hola, ______ Me llamo Isabel y mi novio ______ Pepe. ______ novios. Hablamos español, inglés y ______ alemán. Somos de Sevilla, ______ vivimos en Berlín.

vivimos **mi mujer** **es de** **soy** **también** **y**

2. Buenos días, ______ Antonio García Aranda. ______ se llama Cinta Pérez Lej. Hablo muy bien inglés, francés ______ un poco de italiano. Mi mujer ______ habla inglés. Yo soy de Burgos y mi mujer ______ Oviedo, pero ______ en Madrid.

Lösung

1. ¿qué tal?, se llama, Somos, un poco de, pero

2. soy, Mi mujer, y, también, es de, vivimos

Jetzt sind Sie dran.

In dieser Lektion haben Sie viele neue Wörter gelernt. Hier sehen Sie alle noch einmal auf einen Blick. Hören Sie sich die Wörter wieder an und lernen Sie sie. Gibt es Vokabeln, die Sie sich einfach nicht merken können? Schreiben Sie diese Vokabeln auf ein großes Blatt Papier und hängen Sie dieses „Vokabelposter" an einer Stelle auf, an die Sie oft schauen müssen. Mit der Zeit werden Sie es so schaffen, sich auch diese „widerspenstigen" Vokabeln einzuprägen!

TR. 8

el camping [el kámpin]	*der Campingplatz*
el vecino [el weßíno] / **la vecina** [la weßína]	*der Nachbar / die Nachbarin*
¡Hola! [óla!]	*Hallo!*
¿Qué? [ke?]	*Was (für)?*
¿Qué tal? [ke tal?]	*Wie geht's?*
muy [mui]	*sehr*
muy bien [mui bién]	*sehr gut*
bien [bién]	*gut*
¿Y tú? [i tu?]	*Und dir? / Und du?*
¿Y usted? [i ustéd?]	*Und Ihnen? / Und Sie?*

TR. 9

yo [jo]	*ich*
tú [tu]	*du*
él [el] / **ella** [éja] / **usted** [ustéd]	*er / sie / Sie* (Singular)
nosotros [nosótros] / **nosotras** [nosótras]	*wir*
vosotros [wosótros] / **vosotras** [wosótras]	*ihr*
ellos [éjos] / **ellas** [éjas] / **ustedes** [ustédes]	*sie / sie / Sie* (Plural)

TR. 10

ser [ser]	*sein*
Soy... [soi...]	*Ich bin ...*
llamarse [jamárse]	*heißen*
¿Cómo? [kómo?]	*Wie?*
¿Cómo te llamas? [kómo te jámas?]	*Wie heißt du?*

¿Cómo se llama? [kómo se jáma?]	*Wie heißen Sie?*
Me llamo... [me jámo...]	*Ich heiße ...*
¡Mucho gusto! [mútscho gústo!]	*Sehr erfreut!*
¡Encantado [enkantádo!] / **¡Encantada!** [enkantáda!]	*Hocherfreut!*

TR. 11

no [no]	*nein, nicht, kein*
también [también]	*auch*
alemán [alemán]	*Deutsch*
francés [franßés]	*Französisch*
inglés [inglés]	*Englisch*
italiano [italiáno]	*Italienisch*
polaco [poláko]	*Polnisch*
turco [túrko]	*Türkisch*

TR. 12

¡Perfecto! [perfékto]	*Perfekt!*
¡Genial! [cheniál]	*Genial!*

TR. 13

¿De dónde? [de dónde?]	*Woher?*
de [de]	*von, aus*
¿De dónde eres? [de dónde éres?]	*Woher bist du?*
¿De dónde es? [de dónde es?]	*Woher sind Sie?*
Soy de... [soi de...]	*Ich bin aus ...*
vivir [wiwír]	*leben, wohnen*
¿Dónde? [dónde?]	*Wo?*
¿Dónde vives? [dónde wíwes?]	*Wo wohnst du?*
¿Dónde vive? [dónde wíwe?]	*Wo wohnen Sie?*
Vivo en... [wíwo en...]	*Ich lebe in ...*

TR. 14

la ciudad [la ßiudád]	*die Stadt*
la capital [la kapitál]	*die Hauptstadt*
España [espánja]	*Spanien*

el País Vasco [el país wásko]	*das Baskenland*
Alemania [alemánia]	*Deutschland*
Austria [áustria]	*Österreich*
Suiza [suíßa]	*Schweiz*

Jetzt können Sie sich vorstellen, sagen, woher Sie sind, und welche Sprachen Sie sprechen. Hören Sie sich noch einmal den Dialog auf dem Campingplatz an.

TR. 15

- Hola, ¿qué tal? Soy Arturo. Somos vecinos. ¿Habláis español?
- Sí, yo un poco... ¡Mucho gusto, Arturo! Yo me llamo Elena y mi marido se llama Daniel. Daniel no habla español, pero habla muy bien inglés.
- ¡Muy bien! Mi novia se llama Ana. Nosotros también hablamos inglés. ¿De dónde sois?
- Somos de Berlín, de Alemania. ¿Y vosotros?
- Nosotros somos de Madrid, pero vivimos en Bilbao, en el País Vasco.

Bilden Sie nun mit den Bausteinen Sätze, die Ihnen auf dem Campingplatz helfen, Kontakte zu knüpfen:

3 EN LA RECEPCIÓN DEL HOTEL

AN DER HOTELREZEPTION

Wenn Sie statt auf dem Campingplatz lieber im Hotel übernachten möchten, dann sollten Sie hier weitermachen. Diese Wörter und Ausdrücke kennen Sie schon oder können sich leicht erschließen. Sie werden Ihnen im Hotel begegnen.

el número
die Zahl

la recepción
die Rezeption

la reserva
die Reservierung

el momento
der Moment

el hotel
das Hotel

¡Buenos días!
Guten Morgen! / Guten Tag!

el pasaporte
der Pass

la información
die Information

por favor
bitte

3 EN LA RECEPCIÓN DEL HOTEL

Der erste Weg nach der Ankunft führt an die Rezeption im Hotel. Die folgenden Beispiele helfen Ihnen dabei, erfolgreich im Hotel einzuchecken.

¡Buenas tardes! ¿Qué desea?

[buénas tárdes! ke deséa?]
Guten Tag! Was wünschen Sie?

Mit diesen Worten empfängt Sie die Frau an der Rezeption. Nach dem Mittagessen begrüßt man sich mit **¡Buenas tardes!** [buénas tárdes!], was wortwörtlich übersetzt *Guten Nachmittag!* heißt und unserem *Guten Tag!* und *Guten Abend!* entspricht, je nach Tageszeit. Der Dreh- und Angelpunkt ist wie so oft in Spanien eine Mahlzeit, das kann man sich leicht merken. Bis zum Mittagessen heißt es also **¡Buenos días!** [buénos días!] *Guten Morgen! / Guten Tag!*, danach **¡Buenas tardes!** [buénas tárdes!] *Guten Tag! / Guten Abend!* und zwar bis es dunkel wird. Werden die Nächte im Winter dann länger, wird diese Grußformel trotzdem bis mindestens 20 Uhr gebraucht. Es kann auch vorkommen, dass anstelle von **¡Buenas tardes!** [buénas tárdes!] nur die abgekürzte Form **¡Buenas!** [buénas!] benutzt wird und der zweite Teil der Grußformel einfach weggelassen wird. Ob diese Sprachökonomie mit der Hitze des Nachmittags zu tun hat oder mit der Trägheit, sich nach einem ausgiebigen Mittagessen zu artikulieren, sei dahingestellt. **¡Buenas!** [buénas!] hat allerdings einen genauso informellen und zwanglosen Charakter wie **¡Hola!** [óla!] *Hallo!*

Jetzt können Sie die Spanier schon zu fast allen Tageszeiten begrüßen. Nun fehlt nur noch **¡Buenas noches!** [buénas nótsches!], wenn es bereits dunkel geworden ist. Das heißt einerseits *Guten Abend!*, andererseits aber auch *Gute Nacht!* Man kann sich also damit begrüßen und verabschieden.

Jetzt sind Sie dran.

¡Buenas! Ordnen Sie jeder spanischen Grußformel ihre deutsche Entsprechung zu und sprechen Sie sie dann laut nach.

1. ¡Buenas tardes! ___ **A** Guten Abend! / Gute Nacht!
2. ¡Buenos días! ___ **B** Hallo!
3. ¡Buenas noches! ___ **C** Guten Tag! / Guten Abend!
4. ¡Hola! ___ **D** Guten Morgen! / Guten Tag!

Lösung
1. C, **2.** D, **3.** A, **4.** B

Nach der Begrüßung richtet sich die Frau an der Rezeption mit der Frage **¿Qué desea?** [ke deséa?] *Was wünschen Sie?* an Sie. Diesen Satz werden Sie in Spanien oft zu hören bekommen, sei es an den Verkaufsständen auf dem Markt, an der Käse- oder Fleischtheke oder im Restaurant.

Jetzt müssen Sie aber auch auf die Frage reagieren und sagen, was Sie möchten.

tener (*haben*)
(yo) tengo
(tú) tienes
(él / ella / usted) tiene
(nosotros / -as) tenemos
(vosotros / -as) tenéis
(ellos / -as / ustedes) tienen

[téngo úna resérwa de úna abitaßión dóble.]
Ich habe eine Reservierung für ein Doppelzimmer.

Sie sagen **Tengo una reserva de...** [téngo úna resérwa de...] *Ich habe eine Reservierung für ...* Hier wenden Sie zum ersten Mal die 1. Person Singular **tengo** [téngo] des Verbs **tener** [tenér] *haben* an, das Sie einfach auswendig lernen müssen. Wenn Sie es aber einmal beherrschen, können Sie eine Menge Dinge ausdrücken. Sie werden es im weiteren Verlauf sehen!

Sie haben also **una habitación doble** [úna abitaßión dóble] *ein Doppelzimmer* reserviert. Achten Sie auf die Aussprache der Endung **-ción** [ßión]. Aus Lektion 1 wissen Sie bereits, dass das **c** vor **-e** und **-i** wie das englische **th** in **thing** ausgesprochen wird. Gleichzeitig müssen Sie aber noch das akzentuierte **ó** betonen.

Möchten Sie nur ein Einzelzimmer reservieren, heißt das **una habitación individual** [úna abitaßión indiwiduál]. Für Freunde, die zu dritt unterwegs sind, besteht in vielen Hotels auch die Möglichkeit, **una habitación triple** [úna abitaßión tríple] *ein Dreibettzimmer* zu buchen.

Hier noch eine kleine Übersicht zu den Bettentypen:

la cama individual [la káma indiwiduál]	*das Einzelbett*
la cama doble [la káma dóble]	*das Doppelbett*
la cama supletoria [la káma supletória]	*das Beistellbett*

Jetzt sind Sie dran.

Tenemos una reserva de... Verbinden Sie die Satzhälften zu sinnvollen Sätzen.

1. Mi marido y yo	___ **A**	tienen una reserva de una habitación triple.
2. María	___ **B**	tenéis una reserva de una habitación doble con cama supletoria?
3. ¿Pepe y Ana,	___ **C**	tiene una reserva de una habitación individual.
4. Yo	___ **D**	tienes una reserva de una habitación individual?
5. Los tres amigos	___ **E**	tengo una reserva de una habitación individual y él de una habitación doble.
6. ¿Julia,	___ **F**	tenemos una reserva de una habitación doble.

Lösung
1. F, **2.** C, **3.** B, **4.** E, **5.** A, **6.** D

Nachdem Sie der Frau an der Rezeption erklärt haben, welchen Zimmertyp Sie gebucht haben, fragt sie Sie nach Ihrem Namen.

¿A qué nombre?

[a ke nómbre?]
Auf welchen Namen?

In formellen Situationen bekommen Sie die Frage **¿A qué nombre?** [a ke nómbre?] *Auf welchen Namen?* gestellt, wenn Sie sich nach Ihrer Reservierung erkundigen, egal ob im Restaurant, an der Theaterkasse, bei der Autovermietung oder eben im Hotel. Jetzt müssen Sie nur noch auf die Frage antworten.

A nombre de | Alexander Knoth.

[a nómbre de aleksánder knot.]
Auf den Namen Alexander Knoth.

Auf die Frage **¿A qué nombre?** [a ke nómbre?] *Auf welchen Namen?* antworten Sie mit der Struktur **A nombre de...** [a nómbre de...] + *Vor- und Nachname*. Das ist gar nicht so schwer.

Jetzt sind Sie dran.

En la recepción. Kreuzen Sie die passenden Antworten und Satzenden an.

1. ¡Buenos días! ¿Qué desea?
- ☐ **A** Tengo una reserva.
- ☐ **B** ¡Muy bien!
- ☐ **C** ¡Vale!

2. ¿A qué nombre?
- ☐ **A** Tengo una reserva de una habitación doble.
- ☐ **B** A nombre de Antonio García.
- ☐ **C** Sí, muchas gracias.

3. Tengo una reserva de...
- ☐ **A** un café con leche.
- ☐ **B** un pincho de tortilla.
- ☐ **C** una habitación doble.

4. Una habitación doble tiene...
- ☐ **A** una cama individual.
- ☐ **B** una cama doble o dos camas individuales.
- ☐ **C** tres camas.

Lösung
1. A, **2.** B, **3.** C, **4.** B

Un momento, | por favor...

[un moménto, por fawór...]
Einen Moment, bitte ...

Die Frau an der Rezeption bittet Sie mit **Un momento, por favor...** [un moménto, por fawór.] *Einen Moment, bitte ...* um etwas Geduld. Diesen Satz können Sie immer dann anwenden, wenn Sie nicht sofort auf etwas reagieren können.

Sí, aquí tengo la reserva.

[si, akí téngo la resérwa.]
Ja, hier habe ich die Reservierung.

Dann findet die Frau Ihre Reservierung. Mit **aquí** [akí] *hier* können Sie Ihre Entfernung von jemandem oder etwas bestimmen. **Aquí** [akí] *hier* bedeutet, dass sich jemand oder etwas in unmittelbarer Nähe des Sprechers befindet, **ahí** [aí] *da* in Sichtweite und **allí** [ají] *dort* weit weg.

Den unbestimmten Artikel männlich **un** [un] *ein* und weiblich **una** [úna] *eine* kennen Sie bereits aus Lektion 1. Jetzt lernen Sie mit **la reserva** [la resérwa] *die Reservierung* auch den bestimmten Artikel kennen.

	Sg.	Pl.
m.	el momento	los momentos
w.	la reserva	las reservas

Bei den meisten Substantiven kann man an der Endung erkennen, ob sie männlich oder weiblich sind. Substantive auf **-o** oder **-os** sind meistens männlich und brauchen den bestimmten Artikel **el** oder **los**. Substantive auf **-a** oder **-as** sind meistens weiblich und brauchen den bestimmten Artikel **la** oder **las**. Substantive auf **-ción** oder **-dad** sind weiblich, z.B. **la habitación** (*das Zimmer*) - **las habitaciones** und **la ciudad** (*die Stadt*) - **las ciudades**. Achtung: Die Endung **-ción** verliert im Plural den Akzent.
Es gibt aber auch einige Substantive, bei denen man den dazugehörigen Artikel einfach lernen muss.

Jetzt sind Sie dran.

¿El, la, los, las? Verbinden Sie die Satzhälften zu sinnvollen Sätzen.

1. Somos los ___ **A** habitación 9.
2. Aquí tengo las ___ **B** vecinos de Roxana.
3. ¿Cómo se llama el ___ **C** capital de Alemania.
4. Entonces, tiene la ___ **D** ciudad de los museos.
5. Berlín es la ___ **E** marido de Juana.
6. Él es el ___ **F** hotel?
7. Madrid es la ___ **G** informaciones.

Lösung
1. B, **2.** G, **3.** F, **4.** A, **5.** C, **6.** E, **7.** D

Die Frau an der Rezeption ist aber noch nicht fertig und braucht noch einen Ausweis von Ihnen:

El DNI o pasaporte, | por favor.

[el de éne i o pasapórte, por fawór.]
Den Personalausweis oder den Reisepass, bitte.

Bitte? Was möchte die Frau von Ihnen haben? **El pasaporte** [el pasapórte] können Sie aus dem Englischen ableiten, *der Reisepass*, aber was bloß ist **el DNI** [de éne i]? Also, **DNI** ist die Abkürzung für **Documento Nacional de Identidad** [documénto naßionál de identidád] und entspricht unserem Personalausweis.

Es folgt eine Zusammenstellung aller Reisedokumente, die Sie dabeihaben sollten:

el pasaporte [el pasapórte] *der Reisepass*
el Documento Nacional de Identidad [el documénto naßionál de identidád] **(DNI)** [de éne i] *der Personalausweis*
el carnet de conducir [el karné de kondußír] *der Führerschein*
el carnet de vacunas [el karné de wakúnas] *der Impfpass*

Möchten Sie gemeinsam mit Ihrem Hund oder Ihrer Katze reisen, braucht Ihr Liebling neben einer lesbaren Tätowierung oder einem Mikrochip auch **el pasaporte para animales de compañía** [el pasapórte pára animáles de kompanjía] *der Heimtierausweis.*

Die Frau an der Rezeption hat nach Ihrem Reisepass oder Ihrem Personalausweis gefragt. Sie haben zur Sicherheit beides dabei, müssen sich aber entscheiden: **Aquí tiene el DNI.** [akí tiéne el de éne i.] *Hier haben Sie den Personalausweis.*

Gracias... | Entonces es | la habitación 23.

[gráßias... entónßes es la abitaßión weintitrés.]
Danke ... Dann ist es das Zimmer 23.

Nachdem die Frau Ihren Personalausweis dankend entgegengenommen hat und ihm alle wichtigen Daten entnommen hat, ist der Check-in im Hotel nun fast geschafft. Jetzt bekommen Sie noch **el número de habitación** [el número de abitaßión] *die Zimmernummer* und zwar die 23. Die Zahlen von 0-10 haben Sie bereits gelernt. Wenn Sie sie nicht mehr im Kopf haben, blättern Sie einfach noch einmal zu Lektion 1 zurück, um sie zu wiederholen.

Jetzt geht es weiter mit den Zahlen von 11-99. Da die Zahlen meistens in Ziffernform geschrieben sind, ist es vor allem wichtig zu wissen, wie die Zahlen gesprochen werden.

11 **once** [ónße]
12 **doce** [dóße]
13 **trece** [tréße]
14 **catorce** [katórße]
15 **quince** [kínße]
16 **dieciséis** [dießiséis]
17 **diecisiete** [dießisiéte]
18 **dieciocho** [dießiótscho]
19 **diecinueve** [dießinuéwe]

20 **veinte** [wéinte]
21 **veintiuno** [weintiúno]
22 **veintidós** [weintidós]
23 **veintitrés** [weintitrés]
24 **veinticuatro** [weintikuátro]
25 **veinticinco** [weintißínko]
26 **veintiséis** [weintiséis]
27 **veintisiete** [weintisiéte]
28 **veintiocho** [weintiótscho]
29 **veintinueve** [weintinuéwe]

30 **treinta** [tréinta]
31 **treinta y uno** [treintaiúno]
32 **treinta y dos** [treintaidós]
33 **treinta y tres** [treintaitrés]
34 **treinta y cuatro** [treintaikuátro]
35 **treinta y cinco** [treintaißínko]
36 **treinta y seis** [treintaiséis]
37 **treinta y siete** [treintaisiéte]
38 **treinta y ocho** [treintaiótscho]
39 **treinta y nueve** [treintainuéwe]

40 **cuarenta** [kuarénta]
50 **cincuenta** [ßinkuénta]
60 **sesenta** [sesénta]
70 **setenta** [seténta]
80 **ochenta** [otschénta]
90 **noventa** [nowénta]

Die Zahlen von 1-15 müssen Sie einfach auswendig lernen, ab der Zahl 16 unterliegen sie jedoch einer Systematik. Im Gegensatz zu den deutschen Zahlen werden im Spanischen zuerst die Zehner gesagt und dann die Einer. Wenn man sich die Zahl 18 ausgeschrieben ansieht **dieciocho** [dießiótscho], sagt man auf Spanisch wörtlich übersetzt also *zehn und acht*. Wenn Sie diese Reihenfolge beachten, wird Ihnen das Erlernen der Zahlen nicht schwerfallen.
Fällt Ihnen etwas an der Schreibweise auf? Sie ist nicht in allen Zahlenblöcken identisch. Prägen Sie sich gut die Schreibweise der Zahlen von 16 - 19 sowie die der Zahlen des 20er- Blocks ein. Ab dem 30er-Block ist es dann einfach. Ab da bleibt die Schreibweise gleich.

Jetzt sind Sie dran.

Los números. Ordnen Sie die Ziffern den ausgeschriebenen Zahlen zu und lesen Sie die Zahlen danach laut vor.

1. 98	___ **A** sesenta y uno
2. 40	___ **B** diecisiete
3. 22	___ **C** noventa y nueve
4. 73	___ **D** setenta y tres
5. 85	___ **E** cincuenta y seis
6. 16	___ **F** veintidós
7. 12	___ **G** treinta y siete
8. 56	___ **H** ochenta y cinco
9. 17	___ **I** cuarenta
10. 61	___ **J** noventa y ocho
11. 99	___ **K** doce
12. 37	___ **L** dieciséis

Lösung
1. J, **2.** I, **3.** F, **4.** D, **5.** H, **6.** L, **7.** K, **8.** E, **9.** B, **10.** A, **11.** C, **12.** G

Zum Abschluss überreicht Ihnen die Frau von der Rezeption den Schlüssel und gibt Ihnen Ihren Personalausweis zurück:

[akí tiéne la jáwe i el de éne i.]
Hier haben Sie den Schlüssel und den Personalausweis.

Sie beendet dann das Gespräch mit einem sehr typischen Satz:

[ke ténga úna buéna estánßia!]
Einen angenehmen Aufenthalt!

Mit **¡Que tenga...!** [ke ténga...!] können Sie einer Person, die Sie siezen, Verschiedenes wünschen. Wenn Sie die Person duzen, verwenden Sie: **¡Que tengas...!** [ke téngas...!].

¡Que tenga / tengas una buena estancia! [ke ténga / ke téngas úna buéna estánßia!]	*Einen angenehmen Aufenthalt!*
¡Que tenga / tengas un buen viaje! [ke ténga / ke téngas un buén wiáche]	*Gute Reise!*
¡Que tenga / tengas un buen día! [ke ténga / ke téngas un buén día]	*Einen schönen Tag!*
¡Que tenga / tengas mucha suerte! [ke ténga / ke téngas mútscha suérte]	*Viel Glück!*

Zum jetzigen Zeitpunkt sollen Sie diese Sätze einfach nur verstehen, wenn Sie sie hören, mehr nicht.
Damit ist der Check-in geschafft! Sie können auspacken.

Jetzt sind Sie dran.

¿Qué número de habitación tienen? Sagen Sie auf Spanisch, welche Nummer die Zimmer der Personen haben. Schreiben Sie die Zahlen in Worte.

1. Ich habe die Zimmernummer 23.

Tengo la habitación veintitrés.

2. Isabel und Gonzalo haben die Zimmernummer 66.

3. Luisa hat die Zimmernummer 83.

4. Du hast die Zimmernummer 13 und Pilar die Zimmernummer 14.

5. Wir haben die Zimmernummer 51.

6. Ihr habt die Zimmer 24 und ihr die Zimmernummer 25.

Lösung

2. Isabel y Gonzalo tienen la habitación sesenta y seis.
3. Luisa tiene la habitación ochenta y tres.
4. Tú tienes la habitación trece y Pilar la habitación catorce.
5. Tenemos la habitación cincuenta y uno.
6. Vosotros tenéis la habitación veinticuatro y vosotros la habitación veinticinco.

Jetzt sind Sie dran.

Und wieder haben Sie in dieser Lektion viele neue Wörter gelernt. Es waren vor allem viele Zahlen dabei. Sie sollten nicht alle Zahlen auf einmal lernen, sondern in Blöcken, eingeteilt von 11-19, 20-29, 30-39, etc.
Lesen und hören Sie die Zahlen zunächst und versuchen Sie es dann auswendig. Je nachdem wie schnell und sicher Sie sind, nehmen Sie dann einen weiteren Block hinzu und lernen die Zahlen nach der gleichen Vorgehensweise. Sie können ruhig auch die Ihnen bereits bekannten Zahlen von 1-10 mit einschließen. Zählen Sie vorwärts und rückwärts. Zählen Sie auch in Ihrem Alltag: Treppenstufen, Schritte und vor dem Einschlafen Schäfchen etc., dann sind Sie bald ein Experte für spanische Zahlen.

TR. 16

el hotel [el otél]	*das Hotel*
la recepción [la reßepßión]	*die Rezeption*
la información [la informaßión]	*die Information*
¡Buenas tardes! [buénas tárdes!]	*Guten Tag! / Guten Abend!*
¡Buenas noches! [buénas nótsches!]	*Guten Abend! / Gute Nacht!*
¡Buenas! [buénas!]	*Guten Tag! / Guten Abend!* (informelle, abgekürzte Grußformel)
entonces [entónßes]	*dann*
tener [tenér]	*haben*
la reserva [la resérwa]	*die Reservierung*
Tengo una reserva de... [téngo úna resérwa de ...]	*Ich habe eine Reservierung für ...*
¡Que tenga una buena estancia! [ke ténga úna buéna estánßia!]	*Einen angenehmen Aufenthalt!*
¡Que tenga un buen viaje! [ke ténga un buén wiáche]	*Gute Reise!*
¡Que tenga un buen día! [ke ténga un buén día]	*Einen schönen Tag!*
¡Que tenga mucha suerte! [ke ténga mútscha suérte]	*Viel Glück!*

TR. 17

la llave [jáwe]	*der Schlüssel*
la habitación [la abitaßión]	*das Zimmer*
la habitación doble [la abitaßión dóble]	*das Doppelzimmer*
la habitación individual [la abitaßión indiwiduál]	*das Einzelzimmer*
la habitación triple [la abitaßión tríple]	*das Dreibettzimmer*
el número de habitación [el número de abitaßión]	*die Zimmernummer*
la cama [la káma]	*das Bett*
la cama individual [la káma indiwiduál]	*das Einzelbett*
la cama doble [la káma dóble]	*das Doppelbett*
con [kon]	*mit*
la cama supletoria [la káma supletória]	*das Beistellbett*

TR. 18

el nombre [el nómbre]	*der Name*
¿A qué nombre? [a ke nómbre?]	*Auf welchen Namen?*
A nombre de... [a nómbre de...]	*Auf den Namen ...*
el momento [el moménto]	*der Moment*
Un momento, por favor. [un moménto, por fawór.]	*Einen Moment, bitte.*
aquí [akí]	*hier*
ahí [aí]	*da*
allí [ají]	*dort*

TR. 19

el carnet de conducir [el karné de kondußír]	*der Führerschein*
el carnet de vacunas [el karné de wakúnas]	*der Impfpass*
el Documento Nacional de Identidad [el documénto naßionál de identidád] **(DNI)** [de éne i]	*der Personalausweis*
el pasaporte [el pasapórte]	*der Reisepass*
el pasaporte para animales de compañía [el pasapórte pára animáles de kompanjía]	*der Heimtierausweis*

TR. 20

el número [el número] *die Zahl*
de ... a [de ... a] *von ... bis*
once [ónße] *elf*
doce [dóße] *zwölf*
trece [tréße] *dreizehn*
catorce [katórße] *vierzehn*
quince [kínße] *fünfzehn*
dieciséis [dießiséis] *sechzehn*
diecisiete [dießisiéte] *siebzehn*
dieciocho [dießiótscho] *achtzehn*
diecinueve [dießinuéwe] *neunzehn*

TR. 21

veinte [wéinte] *zwanzig*
veintiuno [weintiúno] *einundzwanzig*
veintidós [weintidós] *zweiundzwanzig*
veintitrés [weintitrés] *dreiundzwanzig*
veinticuatro [weintikuátro] *vierundzwanzig*
veinticinco [weintißínko] *fünfundzwanzig*
veintiséis [weintiséis] *sechsundzwanzig*
veintisiete [weintisiéte] *siebenundzwanzig*
veintiocho [weintiótscho] *achtundzwanzig*
veintinueve [weintinuéwe] *neunundzwanzig*

TR. 22

treinta [tréinta] *dreißig*
treinta y uno [treintaiúno] *einunddreißig*
treinta y dos [treintaidós] *zweiunddreißig*
treinta y tres [treintaitrés] *dreiunddreißig*
treinta y cuatro [treintaikuátro] *vierunddreißig*
treinta y cinco [treintaißínko] *fünfunddreißig*
treinta y seis [treintaiséis] *sechsunddreißig*
treinta y siete [treintaisiéte] *siebenunddreißig*
treinta y ocho [treintaiótscho] *achtunddreißig*
treinta y nueve [treintainuéwe] *neununddreißig*

TR. 23

cuarenta [kuarénta] *vierzig*
cincuenta [ßinkuénta] *fünfzig*
sesenta [sesénta] *sechzig*
setenta [seténta] *siebzig*
ochenta [otschénta] *achtzig*
noventa [nowénta] *neunzig*

Hören Sie sich nun noch einmal den ganzen Dialog an der Hotelrezeption an.

TR. 24

- ¡Buenas tardes! ¿Qué desea?
- Tengo una reserva de una habitación doble.
- ¿A qué nombre?
- A nombre de Alexander Knoth.
- Un momento, por favor... Sí, aquí tengo la reserva. El DNI o pasaporte, por favor.
- Aquí tiene el DNI.
- Gracias... Entonces es la habitación 23. Aquí tiene la llave y el DNI. ¡Que tenga una buena estancia!

Hier noch einmal wichtige Bausteine, die an der Hotelrezeption hilfreich sind:

4 LA INVITACIÓN
DIE EINLADUNG

Der Weg führt Sie zurück auf den Campingplatz in Andalusien. Arturo hat Sie und Ihre Begleitung zum Abendessen eingeladen. Dort werden Sie auch auf seine Freundin und andere Familienmitglieder treffen. Sie werden lernen, wie man Dritte vorstellt und erklärt, in welchem Verhältnis man zu ihnen steht. Diese Wörter und Ausdrücke kennen Sie schon oder sie sind leicht zu erraten.

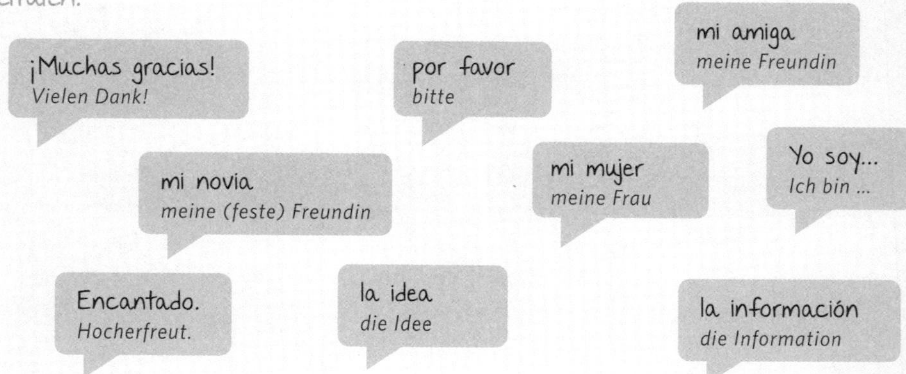

Sie freuen sich sehr auf den Abend bei Ihren spanischen Gastgebern:

¡Hola,	Arturo!	Muchas gracias por	la invitación.

[óla, artúro! mútschas gráßias por la inwitaßión.]
Hallo, Arturo! Vielen Dank für die Einladung.

Da Sie Arturo bereits kennen, ist ein lockeres **¡Hola!** [óla!] *Hallo!* zur Begrüßung vollkommen ausreichend.

Dass man sich mit **Muchas gracias...** [mútschas gráßias...] bedankt, wissen Sie bereits. Sie möchten aber nicht einfach nur danke sagen, sondern auch ausdrücken, wofür Sie sich bedanken. Deshalb vervollständigen Sie Ihren Satz mit **por la invitación** [por la inwitaßión] *für die Einladung*. Die Struktur **Muchas gracias por...** [mútschas gráßias por...] *Vielen Dank für ...* ist sehr praktisch, da man sich damit für alles Mögliche bedanken kann. Gleich mehr dazu.

Jetzt heißt Arturo Sie und Ihre Begleitung aber erst einmal herzlich willkommen:

¡De nada!	Muchas gracias por	venir.

[de náda! mútschas gráßias por wenír.]
Bitte! Vielen Dank fürs Kommen.

Die höfliche Antwort auf **¡(Muchas) gracias!** [(mútschas) gráßias!] ist **¡De nada!** [de náda!] (wörtlich: *für nichts*) *Bitte!* oder *Keine Ursache!* Das sollten Sie immer sagen, wenn sich irgendjemand bei Ihnen für etwas bedankt. Noch einmal kurz zusammengefasst: **¡Por favor!** [por fawór!] sagt man, wenn man um etwas bittet, **¡Gracias!** [gráßias!], wenn man sich bedankt und **¡De nada!** [de náda!], wenn man darauf antwortet.

Arturo ist wirklich erfreut, dass Sie und Ihre Begleitung gekommen sind. Das drückt er aus mit **Muchas gracias por venir.** [mútschas gráßias por wenír.] *Vielen Dank fürs Kommen.* Hier sehen Sie wieder die Struktur **Muchas gracias por...** [mútschas gráßias por...] *Vielen Dank für ...*, diesmal in Verbindung mit dem Verb **venir** [wenír] *kommen*, aus dem in der deutschen Übersetzung ein Substantiv wird.

Hier finden Sie noch weitere nützliche Sätze, mit denen Sie sich in verschiedenen Gesprächssituationen bedanken können:

Muchas gracias por la información. [mútschas gráßias por la informaßión.] — *Vielen Dank für die Information.*

Muchas gracias por la ayuda. [mútschas gráßias por la ajúda.] — *Vielen Dank für die Hilfe.*

Muchas gracias por la cena. [mútschas gráßias por la ßéna.] — *Vielen Dank für das Abendessen.*

Muchas gracias por el mensaje. [mútschas gráßias por el mensáche.] — *Vielen Dank für die Nachricht.*

Muchas gracias por todo. [mútschas gráßias por tódo.] — *Vielen Dank für alles.*

Jetzt sind Sie dran.

Muchas gracias por... Verbinden Sie die spanischen Sätze mit ihrer deutschen Entsprechung.

1. Muchas gracias por todo.
2. Muchas gracias por la invitación.
3. Muchas gracias por la ayuda.
4. Muchas gracias por la información.
5. Muchas gracias por la cena.
6. Muchas gracias por venir.

___ **A** Vielen Dank fürs Kommen.
___ **B** Vielen Dank für die Hilfe.
___ **C** Vielen Dank für die Einladung.
___ **D** Vielen Dank für das Abendessen.
___ **E** Vielen Dank für alles.
___ **F** Vielen Dank für die Information.

Lösung
1. E, **2.** C, **3.** B, **4.** F, **5.** D, **6.** A

Arturo möchte Ihnen nun die anderen Anwesenden vorstellen:

[míra, ésta es ána, mi nówia, i éstos son sus pádres maría terésa i chuán chosé.]
Schau, das ist Ana, meine Freundin, und das sind ihre Eltern María Teresa und Juan José.

Mit der Aufforderung **Mira, ...** [míra,...] *Schau, ...* will Arturo Ihre ganze Aufmerksamkeit gewinnen.
Jetzt kann die Vorstellungsrunde aber beginnen: **...esta es Ana [...] y estos son [...] María Teresa y Juan José.** [...ésta es ána i éstos son maría terésa i chuán chosé.] *... das ist Ana und das sind María Teresa und Juan José.*
Alternativ könnten Sie auch einfach sagen **Ella es Ana.** [éja es Ána] *Sie ist Anna.* oder **Ellos son María Teresa y Juan José.** [éjos son maría terésa y chuán chosé.] *Sie sind María Teresa und Juan José.*

So können Sie jemanden vorstellen:
einen Mann: **Este es...** [éste es...] *Das ist ...*
eine Frau: **Esta es...** [ésta es...] *Das ist ...*
mehrere Personen (eine mindestens männlich): **Estos son...** [éstos son...] *Das sind ...*
mehrere Frauen: **Estas son...** [éstas son...] *Das sind ...*

Jetzt sind Sie dran.

Estos son... Stellen Sie die Personen vor, indem Sie die Satzhälften zu sinnvollen Sätzen verbinden.

1. Estas ___ **A** es Julia, la novia de Tamar.
2. Este ___ **B** son Cristina, Antonio y Jorge, los amigos de Pilar.
3. Estos ___ **C** es Enrique, el marido de Nuria.
4. Esta ___ **D** son Cinta y Mercedes, las amigas de Pedro.

Lösung
1. D, **2.** C, **3.** B, **4.** A

Arturo stellt aber die anderen nicht nur namentlich vor, sondern erklärt gleichzeitig, in welchem Verhältnis sie zueinander stehen: Ana stellt er als **mi novia** [mi nówia] *meine Freundin* vor und **sus padres** [sus pádres] sind *ihre Eltern*. In Lektion 1 haben Sie bereits gelernt zu sagen **mi marido** [mi marído] *mein Mann*, **mi mujer** [mi muchér] *meine Frau*, **mi novio** [mi nówio] *mein Freund*, **mi novia** [mi nówia] *meine Freundin*, **mi amigo** [mi amígo] *mein Freund* und **mi amiga** [mi amíga] *meine Freundin*.

Possessivbegleiter, wie **mi** *mein/e* oder **tu** *dein/e*, zeigen eine Zugehörigkeit oder einen Besitz von Personen an.

Singular	Plural
mi *mein/e*	mis *meine*
tu *dein/e*	tus *deine*
su *sein/e, ihr/e, Ihr/e*	sus *seine, ihre, Ihre*
nuestro/-a *unser/e*	nuestros/-as *unsere*
vuestro/-a *euer/eure*	vuestros/-as *eure*
su *ihr/e, Ihr/e*	sus *ihre, Ihre*

Mit Hilfe der Tabelle können Sie nun auch die Zugehörigkeit von anderen Personen zueinander ausdrücken. Dazu brauchen Sie aber zunächst noch ein paar weitere Verwandtschaftsbezeichnungen.

los padres [los pádres]	*die Eltern*
el padre [el pádre] / **la madre** [la mádre]	*der Vater / die Mutter*
los hijos [los íchos]	*die Kinder*
el hijo [el ícho] / **la hija** [la ícha]	*der Sohn / die Tochter*
los hermanos [los ermános]	*die Geschwister*
el hermano [el ermáno] / **la hermana** [la ermána]	*der Bruder / die Schwester*
los abuelos [los abuélos]	*die Großeltern*
el abuelo [el abuélo] / **la abuela** [la abuéla]	*der Großvater / die Großmutter*
el nieto [el niéto] / **la nieta** [la niéta]	*der Enkel / die Enkelin*
el tío [el tío] / **la tía** [la tía]	*der Onkel / die Tante*
los suegros [los suégros]	*die Schwiegereltern*
el suegro [el suégro] / **la suegra** [la suégra]	*der Schwiegervater / die Schwiegermutter*

Jetzt sind Sie dran.

La familia de Arturo. Arturo zeigt Ihnen ein Foto seiner Familie und stellt sie Ihnen vor. Vervollständigen Sie seine Angaben.

1. Mira, estos son mis padres. Mi ______ se llama María Inmaculada y mi ______ Miguel Ángel.

2. Tengo tres hermanos. Este es mi ______ Enrique y estas dos son mis ______ Laura y Julia.

3. Y ellos son mis abuelos. Ella es mi ______ María Dolores y él es mi ______ José María.

4. Y ella es Ana, mi ______.

Lösung
1. madre, padre; **2.** hermano, hermanas;
3. abuela, abuelo; **4.** novia

Jetzt sind Sie dran.

¿Quiénes son? Stellen Sie die Personen vor oder fragen Sie, wer sie sind, indem Sie aus den durcheinandergeratenen Wörtern Sätze bilden.

1. padres estos sus son ______.

2. hijas nuestras son estas ______.

3. es este su hermano ______.

4. mi esta es suegra ______.

Lösung
1. Estos son sus padres.
2. Estas son nuestras hijas.
3. Este es su hermano.
4. Esta es mi suegra.

Anas Eltern tragen wie viele Spanier zwei Vornamen: **María Teresa** [maría terésa] und **Juan José** [chuán chosé]. Ab 50 aufwärts heißt gefühlt jeder Spanier **José** oder **María** und manchmal sogar auch beides, der Mann **José María** [chosé maría] oder die Frau **María José** [maría chosé]. Dies ist vor allem dem ungeschriebenen Gesetz geschuldet, dass während der Franco-Diktatur ein Neugeborenes zumindest auf einen dieser biblischen Vornamen getauft werden musste. Das hohe Vorkommen von **Josés** und **Marías** ist sicherlich auch einer der Gründe, dass sich die Spanier so viele Kurzformen für Vornamen haben einfallen lassen. So ist z.B. die Abkürzung von **María Teresa** [maría terésa] **Maite** [máite] und von **Juan José** [chuán chosé] **Juanjo** [chuáncho].
Zwar hat sich die Namenswahl der Spanier in den letzten Jahrzehnten verändert, dennoch zählen **José** und **María** auch heute noch zu den häufigsten spanischen Vornamen.

Jetzt haben Sie endlich Arturos Freundin kennengelernt und außerdem auch noch seine Schwiegereltern in spe, die in abgekürzter Form Maite und Juanjo gerufen werden. Jetzt sind Sie aber an der Reihe, sich und Ihre Begleitung vorzustellen.

[encantáda! jo soi eléna i éste es daniél, mi marído.]
Hocherfreut! Ich bin Elena und das ist Daniel, mein Mann.

¡Encantado! [enkantádo!] *Hocherfreut!* sagt der Mann und **¡Encantada!** [enkantáda!] *Hocherfreut!* die Frau als Antwort darauf, wenn jemand vorgestellt wird. Sie wissen bereits aus Lektion 1, dass man **¡Mucho gusto!** [mútscho gústo!] *Sehr erfreut!* in gleicher Bedeutung gebraucht.

Auch diese Szene sollte Ihnen vertraut vorkommen. Mit **Yo soy Elena y este es Daniel, mi marido.** [jo soi eléna i éste es daniél, mi marído.] *Ich bin Elena und das ist Daniel, mein Mann.* stellen Sie sich und Ihre Begleitung vor und erklären genauso wie Arturo in welchem Verhältnis Sie zueinander stehen.

Und auf einmal entdecken Sie einen kleinen Yorkshire Terrier, hinter Arturo:

¿Y el perro? | ¿Cómo | se llama?

[i el pérro? kómo se jáma?]
Und der Hund? Wie heißt der?

Rassehunde gelten in Spanien als Statussymbol. Zu den beliebtesten Rassen gehören u.a. der Yorkshire Terrier, der Schäferhund, der Bichon und der Labrador Retriever.

Este es | Chufo, | el perro | de mis suegros.

[éste es tschúfo, el pérro de mis suégros.]
Das ist Chufo, der Hund meiner Schwiegereltern.

Der Yorkshire Terrier heißt Chufo und ist der Hund seiner Schwiegereltern. Obwohl Arturo und Ana nicht verheiratet sind, nennt er Maite und Juanjo **mis suegros** [mis suégros] *meine Schwiegereltern*. Das ist in Spanien nicht ungewöhnlich, wenn man schon länger mit jemandem zusammen ist.

Jetzt sind Sie dran.

La invitación. Kreuzen Sie die passenden Antworten und Satzenden an. Mehrere Antworten sind richtig.

1. Muchas gracias por la invitación.
- ☐ **A** ¡De nada!
- ☐ **B** Muchas gracias por venir.
- ☐ **C** ¿Y tú?

2. Mira, David, esta es Lucía.
- ☐ **A** ¡Encantado!
- ☐ **B** ¡Encantada!
- ☐ **C** ¡Mucho gusto!

3. Estos son...
- ☐ **A** mis padres.
- ☐ **B** mi perro Chufo.
- ☐ **C** mi padre y mi madre.

4. ¿Cómo se llama...
- ☐ **A** tus suegros?
- ☐ **B** el perro?
- ☐ **C** tu novia?

Lösung
1. A / B, **2.** A / C,
3. A / C, **4.** B / C

Sie finden den kleinen Chufo wirklich sehr süß und drücken das auch aus.

¡Qué mono! ¿Cuántos años tiene?

[ke móno! kuántos ánjos tiéne?]
Wie süß! Wie alt ist er?

¡Qué mono! [ke móno!] *Wie süß!* ist ein Ausruf, den Sie kennen sollten, wenn Sie sagen möchten, dass etwas oder jemand niedlich ist, wobei **mono** [móno] die männliche Form des Adjektivs ist und **mona** [móna] die weibliche. Wenn Sie also wissen würden, dass sie eine Hündin vor sich haben, müssten Sie sagen **¡Qué mona!** [ke móna!].

Nun wollen Sie aber auch wissen, wie alt Chufo ist. Das machen Sie mit der Frage **¿Cuántos años tiene?** [kuántos ánjos tiéne?] *Wie alt ist er/sie?* oder *Wie alt sind Sie?*, was wortwörtlich *Wie viele Jahre hat er/sie?* oder *Wie viele Jahre haben Sie?* heißt. Sie sehen, dass die Frage nach dem Alter anders als im Deutschen nicht mit dem Verb *sein*, sondern mit dem Verb **tener** [tenér] *haben* gebildet wird, das Sie in der vorangegangenen Lektion gelernt haben.
Wenn Sie jemanden also nach seinem Alter fragen wollen und ihn siezen, fragen Sie **¿Cuántos años tiene?** [kuántos ánjos tiéne?] *Wie alt sind Sie?* oder **¿Cuántos años tienes?** [kuántos ánjos tiénes?] *Wie alt bist du?*, wenn Sie ihn duzen.

Die Antwort auf die Frage nach dem Alter lautet:

Tiene dos años.

[tiéne dos ánjos.]
Er ist zwei Jahre alt.

Achtung: Die Zahlen, die auf eins enden, wie 21, 31, 41 etc. heißen **veintiuno, treinta y uno, cuarenta y uno** etc. Bei der Altersangabe werden diese aber verkürzt zu **veintiún, treinta y un, cuarenta y un** etc.
Tengo veintiún años. [téngo weintiún ánjos.]
Tengo cuarenta y un años. [téngo cuarentaiún ánjos.]

Arturo antwortet auf die Frage nach Chufos Alter mit **Tiene dos años.** [tiéne dos ánjos.] *Er ist zwei Jahre alt.* Wenn Sie also sagen wollen, wie alt Sie sind, brauchen Sie die Struktur **Tengo [...] años.** [téngo ... ánjos.] *Ich bin [...] Jahre alt.* Außerdem brauchen Sie natürlich für die Altersangabe die Zahlen, die Sie in Lektion 3 gelernt haben.

Jetzt sind Sie dran.

¿Cuántos años tiene? Sagen Sie auf Spanisch, wie alt die Personen sind. Schreiben Sie die Zahlen aus. Geben Sie am Schluss auch Ihr eigenes Alter an.

1. Mein Sohn ist 32 Jahre alt. Mi hijo tiene treinta y dos años.

2. Meine Frau ist 47 Jahre alt.

3. Meine Mutter ist 71 Jahre alt.

4. Mein Bruder ist 26 Jahre alt.

5. Ich bin [...] Jahre alt.

Lösung

2. Mi mujer tiene cuarenta y siete años.
3. Mi madre tiene setenta y un años.
4. Mi hermano tiene veintiséis años.
5. Tengo [...] años.

Jetzt möchte Ihnen Arturo aber erst einmal etwas zu trinken anbieten:

Bueno, | chicos, | ¿una cerveza | de aperitivo?

[buéno, tschíkos, úna ßerwéßa de aperitíwo?]
Also, Leute, ein Bier als Aperitif?

Der Ausruf **Bueno...** [buéno] *Also gut, ...* dient hier dazu, das Gespräch in eine andere Richtung zu lenken.

Außerdem spricht Arturo Sie und Ihre Begleitung nicht mit Ihren Namen an, sondern nennt Sie **chicos** [tschíkos]. **El chico** [el tschíko] heißt *der Junge / der junge Mann* und **la chica** [la tschíka] *das Mädchen / die junge Frau*. Im Plural entspricht es in der gesprochenen Sprache der Anrede *Leute*.

Arturo möchte Ihnen etwas anbieten: **¿Una cerveza de aperitivo?** [úna ßerwéßa de aperitíwo?] *Ein Bier als Aperitif?*

Sie haben ja vielleicht schon bemerkt, dass sich in Spanien vieles ums Essen dreht. Der Aperitif ist fester Bestandteil der spanischen Lebensweise und Esskultur. Als Aperitif gibt es oft ein alkoholisches Getränk: **una cerveza** [úna ßerwéßa] *ein Bier*, **un vino** [un wíno] *ein Wein*, **un cava** [un káwa] *ein Sekt* oder **un vermú** [un wermú] *ein Wermut*. Und dazu gibt es eine Kleinigkeit: Knabbergebäck, wie Chips oder Erdnüsse, kleine unterschiedlich belegte Weißbrotscheiben oder Tapas, wie Schinken, Käse, Kroketten, Sardellen oder Oliven.

Damit Sie wissen, welche Mahlzeiten auf Sie zukommen, sollten Sie die folgenden Wörter gut kennen.

el desayuno [el desajúno] *das Frühstück*
el almuerzo [el almuérßo] *das Mittagessen*
la cena [la ßéna] *das Abendessen*
la merienda [la meriénda] *die Zwischenmahlzeit (am Nachmittag)*
el aperitivo [el aperitíwo] *der Aperitif*

¡Muy buena idea!

[mui buéna idéa!]
Sehr gute Idee!

Sie stimmen diesem Vorschlag zu. Sie könnten auch einfach nur sagen **¡Buena idea!** [buéna idéa!] *Gute Idee!*

Jetzt sind Sie dran.

Una conversación. Was sagen Sie im Gespräch, wenn...

1. ... Sie die Aufmerksamkeit Ihres Gegenübers bekommen möchten? ___ **A** Bueno, ...
2. ... Sie das Gesprächsthema in eine andere Richtung lenken möchten? ___ **B** ¡Qué mono / -a!
3. ... Sie einen Vorschlag sehr gut finden? ___ **C** Mira, ...
4. ... Sie etwas oder jemanden süß finden? ___ **D** ¡Muy buena idea!

Lösung
1. C, **2.** A, **3.** D, **4.** B

Jetzt sind Sie dran.

Wieder ist eine Lektion beendet und wieder haben Sie viele neue Wörter gelernt. Am besten prägen sich die neuen Wörter ein, wenn sie im Zusammenhang gelernt werden. Bilden Sie beispielsweise zu den Verwandtschaftsbezeichnungen Sätze zu Personen aus Ihrem eigenen Umfeld, z. B. **Este es mi hijo Daniel. Tiene 29 años.** So können Sie sich neue Wörter und Strukturen leichter merken.

TR. 25

Muchas gracias por... [mútschas gráßias por...] — *Vielen Dank für ...*
venir [wenír] — *kommen*
la información [la informaßión] — *die Information*
la ayuda [la ajúda] — *die Hilfe*
el mensaje [el mensáche] — *die Nachricht*
todo [tódo] — *alles*
¡De nada! [de náda!] — *Bitte sehr! Keine Ursache!*

TR. 26

Mira,... [míra,...] — *Schau, ...*
Este es... [éste es...] / **Esta es...** [ésta es...] — *Das ist / dieser / -s ist ... / Das ist / diese / s ist ...*
los padres [los pádres] — *die Eltern*
el padre [el pádre] — *der Vater*
la madre [la mádre] — *die Mutter*
los hijos [los íchos] — *die Kinder*
el hijo [el ícho] **/ la hija** [la ícha] — *der Sohn / die Tochter*
los hermanos [los ermános] — *die Geschwister*
el hermano [el ermáno] **/ la hermana** [la ermána] — *der Bruder / die Schwester*
los abuelos [los abuélos] — *die Großeltern*
el abuelo [el abuélo] **/ la abuela** [la abuéla] — *der Großvater / die Großmutter*

TR. 27	**el nieto** [el niéto] / **la nieta** [la niéta]	*der Enkel / die Enkelin*
	el tío [el tío] / **la tía** [la tía]	*der Onkel / die Tante*
	el sobrino [el sobríno] / **la sobrina** [la sobrína]	*der Neffe / die Nichte*
	el primo [el prímo] / **la prima** [la príma]	*der Cousin / die Cousine*
	los suegros [los suégros]	*die Schwiegereltern*
	el suegro [el suégro] / **la suegra** [la suégra]	*der Schwiegervater / die Schwiegermutter*
	el cuñado [el kunjádo] / **la cuñada** [la kunjáda]	*der Schwager / die Schwägerin*
	el yerno [el jérno] / **la nuera** [la nuéra]	*der Schwiegersohn / die Schwiegertochter*
	el perro [el pérro] / **la perra** [pérra]	*der Hund / die Hündin*
TR. 28	**mi** [mi]	*mein / meine*
	mis [mis]	*meine*
	tu [tu]	*dein / deine*
	tus [tus]	*deine*
	su [su]	*sein / seine , ihr / ihre, Ihr / Ihre*
	sus [sus]	*seine, ihre / Ihre*
	nuestro [nuéstro] / **nuestra** [nuéstra]	*unser / unsere*
	nuestros [nuéstros] / **nuestras** [nuéstras]	*unsere*
	vuestro [wuéstro] / **vuestra** [wuéstra]	*euer / eure*
	vuestros [wuéstros] / **vuestras** [wuéstras]	*eure*
TR. 29	**el año** [el ánjo]	*das Jahr*
	¿Cuánto...? [kuánto...?] / **¿Cuánta...** [kuánta]	*Wie viel ...? / Wie viele ...?*
	¿Cuántos años tienes? [kuántos ánjos tiénes?]	*Wie alt bist du?*
	¿Cuántos años tiene? [kuántos ánjos tiéne?]	*Wie alt sind Sie? / Wie alt ist er / sie?*
	Tengo [...] años. [téngo ... ánjos.]	*Ich bin [...] Jahre alt.*

TR. 30

el desayuno [el desajúno]	*das Frühstück*
el almuerzo [el almuérßo]	*das Mittagessen*
la merienda [la meriénda]	*die Zwischenmahlzeit (am Nachmittag)*
el aperitivo [el aperitíwo]	*der Aperitif*
la cena [la ßéna]	*das Abendessen*
la cerveza [la ßerwéßa]	*das Bier*
el vino [el wíno]	*der Wein*
el cava [el káwa]	*der Sekt*
el vermú [el wermú]	*der Wermut*

TR. 31

la conversación [la konwersaßión]	*das Gespräch*
¡Qué mono! [ke móno!]	*Wie süß!*
Bueno, ... [buéno]	*Also gut, ...*
el chico [el tschíko]	*der Junge / der junge Mann*
la chica [la tschíka]	*das Mädchen / die junge Frau*
chicos [tschíkos]	*Leute (als Anrede)*
¡Muy buena idea! [mui buéna idéa!]	*Sehr gute Idee!*

Geschafft! Hören Sie sich zum Abschluss noch einmal den ganzen Dialog auf dem Campingplatz an.

TR. 32

- ● ¡Hola, Arturo! Muchas gracias por la invitación.
- ○ ¡De nada! Muchas gracias por venir. Mira, esta es Ana, mi novia, y estos son sus padres María Teresa y Juan José.
- ● ¡Encantada! Yo soy Elena y este es Daniel, mi marido. ¿Y el perro? ¿Cómo se llama?
- ○ Este es Chufo, el perro de mis suegros.
- ● ¡Qué mono! ¿Cuántos años tiene?
- ○ Tiene dos años. Bueno, chicos, ¿una cerveza de aperitivo?
- ● ¡Muy buena idea!

Wiederholen Sie weitere Bausteine und bilden Sie Sätze, damit Sie nicht nur auf dem Campingplatz gut klarkommen:

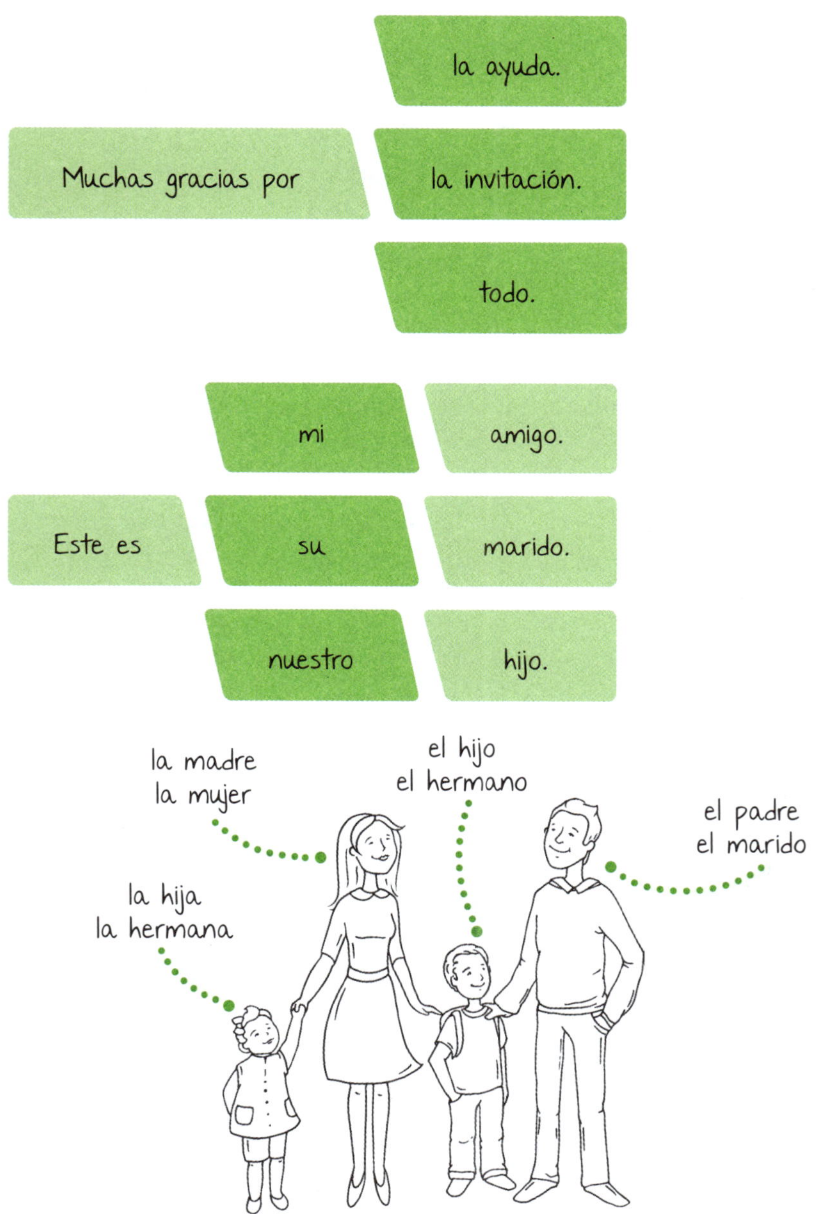

5 EN EL MERCADO
AUF DEM MARKT

Der Besuch eines spanischen Marktes ist ein Muss. Wegen der großen Hitze in den Sommermonaten sind die Märkte vielerorts in sehenswerten Hallen untergebracht. Auf diesen Märkten kann man Milchprodukte aller Art, Fleisch, Fisch, Gemüse und Obst erstehen und ganz nebenbei mehr über die spanische Lebensart kennenlernen. Diese Wörter und Ausdrücke kennen Sie bereits.

¿Qué desea?
Was wünschen Sie?

entonces
dann

¿Cuánto...?
Wie viel ...?

el tomate
die Tomate

dos kilos (de)
zwei Kilo

¿Algo más?
Noch etwas?

Aquí tiene...
Hier haben Sie ...

¡Adiós!
Auf Wiedersehen.

Heute besuchen Sie einen spanischen Markt, weil Sie eine Gazpacho zubereiten möchten und noch einige wichtige Zutaten dafür benötigen. Die kalte Suppe aus frischem Gemüse ist gerade an heißen Tagen genau das Richtige und relativ unkompliziert zuzubereiten. Die Suppe besteht aus Tomaten, Knoblauch, Zwiebeln, Gurken, Paprika und wird mit Öl, Essig und Salz abgeschmeckt. Das Ganze wird allerdings nicht gekocht, sondern nur püriert und anschließend kalt gestellt. Auf dem Markt lernen Sie, wie die Gemüsesorten heißen, wie man Maßeinheiten angibt und wie man nach dem Preis fragt. Der folgende Dialog hilft Ihnen dabei, auf jedem Markt ein Profi zu sein. Also auf zur Markthalle!

[buénos días, ke deséa?]
Guten Tag! Was darf es sein?

Mit diesen Worten begrüßt Sie die Marktfrau am Stand. Diesen Satz haben Sie schon an der Rezeption des Hotels gehört. **¿Qué desea?** [ke deséa?] kann je nach Zusammenhang mit *Was wünschen Sie?* oder *Was darf es sein?* übersetzt werden. Jetzt sind Sie dran.

[dos kílos de tomátes madúros, por fawór.]
Zwei Kilo reife Tomaten, bitte.

Zunächst brauchen Sie **dos kilos de tomates maduros** [dos kílos de tomátes madúros] *zwei Kilo reife Tomaten*. Mit der Struktur *Menge* + **kilo / s de** + *Produkt* können Sie das Gewicht des Produktes (Gemüse, Obst usw.) angeben, das Sie erwerben möchten. Wenn Sie nur ein Kilogramm reife Tomaten brauchen würden, müssten Sie sagen: **un kilo de tomates maduros** [un kílo de tomátes madúros] *ein Kilo reife Tomaten*. Sollten Sie nur ein halbes Kilo benötigen, sagen Sie **medio kilo de tomates maduros** [médio kílo de tomátes madúros] *ein halbes Kilo reife Tomaten*. Fällt Ihnen etwas auf? Bei **medio** steht anders als im Deutschen kein unbestimmter Artikel und im Plural bekommt das Wort Kilo im Spanischen ebenfalls ein Plural **-s**.

medio kilo de... [médio kílo de...]	*ein halbes Kilo ...*
un kilo de... [un kílo de...]	*ein Kilo ...*
un kilo y medio de... [un kílo i médio de...]	*anderthalb Kilo ...*
dos kilos de... [dos kílos de...]	*zwei Kilo ...*
dos kilos y medio de... [dos kílos i médio de...]	*zweieinhalb Kilo ...*

Natürlich gibt man Gewichte auch in **gramos** [grámos] *Gramm* an. Das lernen Sie aber später, da Sie dazu die Hunderter kennen müssen (Lektion 7).

Damit Ihre Gazpacho ganz besonders geschmacksintensiv wird, brauchen Sie aber nicht einfach Tomaten, sondern reife Tomaten. Das drücken Sie mit **tomates maduros** aus. Mit dem Adjektiv **maduro / -a** [madúro / -a] *reif* sagen Sie, wie Ihre Tomaten sein sollen.

Adjektive passen sich in Geschlecht und Zahl an das Substantiv an. Männliche Adjektive auf **-o** bilden die weibliche Form auf **-a**. Im Plural wird bei beiden Formen ein **-s** angehängt.

m. Sg.	el tomate maduro
m. Pl.	los tomates maduros
w. Sg.	la naranja madura
w. Pl.	las naranjas maduras

Damit Sie noch anderes Gemüse kaufen können, folgt nun eine Übersicht über wichtige Gemüsesorten. Gemüse heißt auf Spanisch übrigens **la verdura** [la werdúra].

la berenjena [la berenchéna]	*die Aubergine*
la calabaza [la kalabáßa]	*der Kürbis*
la cebolla [la ßebója]	*die Zwiebel*
el ajo [el ácho]	*der Knoblauch*
el espárrago [el espárrago]	*der Spargel*
la patata [la patáta]	*die Kartoffel*
el pepino [el pepíno]	*die Gurke*
el puerro [el puérro]	*der Lauch*
la seta [la séta]	*der Pilz*
la zanahoria [la ßanaória]	*die Mohrrübe*

Jetzt sind Sie dran.

¿Qué desea? Sagen Sie auf Spanisch, welches Gemüse Sie auf dem Markt kaufen möchten.

1. Ein halbes Kilo Tomaten, bitte. Medio kilo de tomates, por favor.

2. Drei Kilo Mohrrüben, bitte.

3. Ein Kilo Pilze, bitte.

4. Zweieinhalb Kilo Zwiebeln, bitte.

5. Fünf Kilo Kartoffeln, bitte.

Lösung
2. Tres kilos de zanahorias, por favor.
3. Un kilo de setas, por favor.
4. Dos kilos y medio de cebollas, por favor.
5. Cinco kilos de patatas, por favor.

Mit den reifen Tomaten haben Sie bereits die erste Zutat für Ihre Gazpacho gekauft, aber Sie brauchen noch weitere.

¿Algo más?

[álgo mas?]
Noch etwas?

Mit **¿Algo más?** [álgo mas?] *Noch etwas?* erkundigt sich die Marktfrau, was Sie sonst noch brauchen. Der Kellner in Lektion 1 hat Sie genau das Gleiche gefragt.

Sie brauchen in der Tat noch ein paar Zutaten:

Adjektive, die auf **-e** enden, sind für beide Geschlechter gleich und erhalten im Plural ein **-s: el pimiento verde, la calabaza verde, los pimientos verdes.**

[si, tres pimiéntos wérdes. i kuánto kuéstan los pepínos?]
Ja, drei grüne Paprika. Und wie viel kosten die Gurken?

Sie brauchen noch **tres pimientos verdes** [tres pimiéntos wérdes] *drei grüne Paprika*. Genauso wie **maduro / -a** [madúro / -a] *reif* ist **verde** [wérde] *grün* ein Adjektiv, das die Eigenschaft der Paprika bescheibt. Aber es gibt noch andere Adjektive, mit denen man Gemüse beschreiben kann:

amarillo / -a [amaríjo / -a]	*gelb*
barato / -a [baráto / -a]	*billig*
blanco / -a [blánko / -a]	*weiß*
caro / -a [káro / -a]	*teuer*
dulce [dúlße]	*süß*
duro / -a [dúro / -a]	*hart*
grande [gránde]	*groß*
pequeño / -a [pekénjo / -a]	*klein*
rojo / -a [rócho / -a]	*rot*

Jetzt müssen Sie aber auch noch wissen, wie man nach dem Preis fragt: **¿Y cuánto cuestan los pepinos?** [i kuánto kuéstan los pepínos?] *Und wie viel kosten die Gurken?* Das Verb **costar** [kostár] *kosten* verwenden Sie nur in der 3. Person Singular **cuesta** [kuésta] und in der 3. Person Plural **cuestan** [kuéstan].

Mit **costar** *kosten* fragt man nach dem Preis. Es hängt vom Substantiv ab, ob Sie **cuesta** (Singular) oder **cuestan** (Plural) verwenden müssen.
¿Cuánto cuesta el pepino?
¿Cuánto cuestan los pepinos?

Jetzt sind Sie dran.

Tomates maduros. Kreuzen Sie an, welches Adjektiv zur jeweiligen Gemüsesorte passt.

1. la patata
- ☐ **A** dulce
- ☐ **B** duro
- ☐ **C** grandes

2. el tomate
- ☐ **A** cara
- ☐ **B** duro
- ☐ **C** roja

3. las calabazas
- ☐ **A** pequeños
- ☐ **B** grandes
- ☐ **C** amarillos

4. los pepinos
- ☐ **A** amarillas
- ☐ **B** barato
- ☐ **C** verdes

Lösung
1. A, **2.** B, **3.** B, **4.** C

Un pepino | cuesta | noventa céntimos.

[un pepíno kuésta novénta ßéntimos]
Eine Gurke kostet neunzig Cent.

Im Gegensatz zum Deutschen gibt es im Spanischen die Pluralformen **euros** [éuros] und **céntimos** [ßéntimos].

Die Antwort darauf kommt postwendend: **Un pepino cuesta noventa céntimos.** [un pepíno kuésta nowénta ßéntimos] *Eine Gurke kostet neunzig Cent.* Wenn Sie nach dem Preis von zwei Gurken gefragt hätten, hätte die Marktfrau geantwortet: **Dos pepinos cuestan un euro con ochenta.** [dos pepínos kuéstan un éuro kon otschénta] *Zwei Gurken kosten einen Euro und achtzig.* Auf das Wort **céntimos** [ßéntimos] *Cent* wird dann meistens verzichtet. Aber auch ganz ohne Euro- und Cent-Angaben funktioniert es: **Cuestan uno con ochenta.** [kuéstan úno kon otschénta] *Sie kosten eins achtzig.*

Die Nennung eines Geldbetrages mit **con** [kon] *mit* ist die geläufigste. Eine andere Möglichkeit, einen Geldbetrag zu nennen, ist mit **y** [i]: **un euro y ochenta céntimos**.

Jetzt sind Sie dran.

Precios. Ordnen Sie zu. Achten Sie dabei noch einmal auf die unterschiedlichen Möglichkeiten, Geldbeträge anzugeben.

1. 3,50 € ____ **A** seis con ochenta
2. 0,70 € ____ **B** siete euros con cuarenta y cinco
3. 7,45 € ____ **C** dos euros y ochenta céntimos
4. 1,60 € ____ **D** tres euros y cincuenta céntimos
5. 2,80 € ____ **E** un euro con sesenta
6. 6,80 € ____ **F** setenta céntimos

Lösung
1. D, **2.** F, **3.** B, **4.** E, **5.** C, **6.** A

Jetzt sind Sie dran.

¿Cuánto cuestan...? Formulieren Sie die passenden Fragen zu den Antworten der Marktfrau.

1. ¿ Cuánto cuestan las patatas ?
Las patatas cuestan un euro con cincuenta el kilo.

2. ¿ ?
Los puerros cuestan dos euros y cuarenta céntimos el kilo.

3. ¿ ?
La calabaza cuesta noventa céntimos el kilo.

4. ¿ ?
Las cebollas cuestan setenta céntimos el kilo.

Lösung
2. ¿Cuánto cuestan los puerros?
3. ¿Cuánto cuesta la calabaza?
4. ¿Cuánto cuestan las cebollas?

90 Cent ist also der Preis für eine Gurke. Wie viele brauchen Sie denn?

Entonces,	deme	dos pepinos,	ah, y una cebolla.

[entónßes, déme dos pepínos, a, i úna ßebója.]
Dann geben Sie mir zwei Gurken, ah, und eine Zwiebel.

Sie wollen zwei Gurken und, na klar, eine Zwiebel brauchen Sie für Ihre Gazpacho auch noch. Wenn Sie etwas haben möchten, können Sie ganz einfach **Deme...** [déme...] *Geben Sie mir ...* sagen. Sie können eine Marktfrau bis zum mittleren Alter aber durchaus duzen, indem Sie **Dame...** [dáme...] *Gib mir ...* sagen. Als Alternative dazu können Sie auch eine Frage formulieren: **¿Me pone...?** [me póne...?] *Geben Sie mir ...?* oder **¿Me pones...?** [me pónes...?] *Gibst du mir ...?*

Jetzt sind Sie dran.

Deme... Erledigen Sie Ihre Einkäufe auf dem Markt, indem Sie aus den durcheinandergeratenen Wörtern Sätze bilden.

1. **los espárragos** **cuestan** **cuánto** **verdes**

¿ ______ ?

2. **maduros** **medio kilo de** **tomates** **deme**

______ .

3. **cuestan** **un euro con cincuenta** **el kilo** **los puerros**

______ .

4. **berenjenas** **cuánto** **el kilo de** **cuesta**

¿ ______ ?

Lösung
1. ¿Cuánto cuestan los espárragos verdes?
2. Deme medio kilo de tomates maduros.
3. Los puerros cuestan un euro con cincuenta el kilo.
4. ¿Cuánto cuesta el kilo de berenjenas?

Haben Sie jetzt alles? Reife Tomaten, grüne Paprika, Gurke und Zwiebeln. Knoblauch, Öl, Essig, Brot zum Rösten sowie Pfeffer und Salz haben Sie bereits zu Hause. Während Sie die Liste nochmals durchgehen, reißt Sie die Marktfrau aus Ihren Gedanken.

¿Eso es todo?

[éso es tódo?]
Ist das alles?

Diese Frage kennen Sie schon. Der Kellner aus Lektion 1 hat sie Ihnen gestellt. Jetzt wollen Sie noch wissen, wie viel Sie bezahlen müssen.

Sí, ¿cuánto es?

[si, kuánto es?]
Ja, wie viel macht das?

Mit der Frage **¿Cuánto es?** [kuánto es?] *Wie viel macht das?* schließen Sie Ihren Einkauf ab. Lernen Sie diese Struktur einfach auswendig. Sie könnten auch fragen **¿Cuánto es todo?** [kuánto es tódo?] *Wie viel macht das alles zusammen?*

Son seis euros con cuarenta y cinco.

[son seis éuros kon kuarénta i ßínko.]
Das macht sechs Euro fünfundvierzig.

Nachdem die Marktfrau alles zusammengerechnet hat, kommt sie auf die Summe von **seis euros con cuarenta y cinco** [seis éuros kon kuarénta i ßínko] *sechs Euro fünfundvierzig*. **Son...** [son...] heißt hier entweder wortwörtlich *Das sind* [+ *Summe*]. oder auch *Das macht* [+ *Summe*].

Jetzt sind Sie dran.

¿Cuánto es? Kreuzen Sie die passenden Antworten und Satzenden an.

1. ¿Qué desea?
- ☐ **A** Eso es todo.
- ☐ **B** Un kilo de tomates maduros.
- ☐ **C** Un pepino cuesta 90 céntimos.

2. Deme una...
- ☐ **A** pimiento.
- ☐ **B** cebolla.
- ☐ **C** ajo.

3. ¿Algo más?
- ☐ **A** Sí, medio kilo de zanahorias.
- ☐ **B** Un kilo cuesta un euro.
- ☐ **C** Es mi marido.

4. ¿Cuánto es?
- ☐ **A** ¡Mucho gusto!
- ☐ **B** Tres pimientos verdes.
- ☐ **C** Son tres euros con treinta.

Lösung
1. B, **2.** B, **3.** A, **4.** C

Sie haben das Geld nicht passend und überreichen der Marktfrau einen 10-Euro-Schein:

Aquí tiene.

[akí tiéne.]
Bitte sehr.

Mit **Aquí tiene.** [akí tiéne.] *Bitte sehr.* können Sie jemandem etwas reichen. Wenn Sie die Person duzen, sagen Sie: **Aquí tienes.** [akí tiénes.]. Lernen Sie diese Strukur einfach, da man sie immer sagt oder gesagt bekommt, wenn z.B. in einer Einkaufs- oder Bestellsituation etwas den Besitzer wechselt, sei es Geld oder eine Ware.

Y aquí tiene | la vuelta. | ¡Adiós!

[i akí tiéne la wuélta. adiós!]
Und hier (haben Sie) Ihr Wechselgeld. Auf Wiedersehen!

Mit diesen Worten überreicht Ihnen die Marktfrau Ihre drei Euro fünfundfünfzig Wechselgeld und verabschiedet sich.

Bei **¡Adiós!** [adiós!] *Auf Wiedersehen!* handelt es sich um einen Abschiedsgruß, den man sowohl in formellen als auch in informellen Situationen zum Abschied sagen kann. Andere Arten sich zu verabschieden sind:

¡Chao! [tscháo!] *Tschüs!*
¡Hasta luego! [ásta luégo!] *Bis später! / Bis bald!*
¡Hasta mañana! [ásta manjána!] *Bis morgen!*
¡Hasta pronto! [ásta prónto!] *Bis bald!*
¡Hasta la próxima! [ásta la próksima!] *Bis zum nächsten Mal!*

Jetzt sind Sie dran.

En el mercado. Was sagen Sie auf dem Markt, wenn ...

1. ... Sie etwas möchten? ___ **A** ¡Adiós!
2. ... Sie nach einem Preis fragen? ___ **B** Aquí tiene.
3. ... Sie wissen wollen, wie viel Sie bezahlen müssen? ___ **C** Deme...
4. ... Sie der Marktfrau das Geld geben? ___ **D** ¿Cuánto es?
5. ... Sie sich verabschieden? ___ **E** ¿Cuánto cuesta / n...?

Lösung
1. C, **2.** E, **3.** D, **4.** B, **5.** A

Jetzt sind Sie dran.

Hier finden Sie wieder alle neuen Wörter aus der Lektion. Versuchen Sie einmal, die Wörter laut zu sprechen, während Sie im Zimmer umhergehen. Je nachdem, was für ein Lerntyp Sie sind, lernen Sie nämlich leichter, wenn Sie sich dabei bewegen. Sie können auch kleine Dialoge entwickeln und eine Einkaufssituation auf dem Markt simulieren. Probieren Sie es einfach einmal aus!

TR. 33

el mercado [el merkádo]	*der Markt*
¿Qué desea? [ke deséa?]	*Was darf es sein?*
costar [kostár]	*kosten*
¿Cuánto cuesta...? [kuánto kuésta...?]	*Wie viel kostet ...?*
¿Cuánto cuestan...? [kuánto kuéstan...?]	*Wie viel kosten ...?*
¿Algo más? [álgo mas?]	*Noch etwas?*
Deme... [déme...]	*Geben Sie mir ...*
Dame... [dáme...]	*Gib mir ...*
¿Me pone...? [me póne...?]	*Geben Sie mir ...?*
¿Me pones...? [me pónes...?]	*Gibst du mir ...?*
medio kilo de... [médio kílo de...]	*ein halbes Kilo ...*
un kilo de... [un kílo de...]	*ein Kilo ...*
dos kilos de... [dos kílos de...]	*zwei Kilo ...*
el gramo [el grámo]	*das Gramm*

TR. 34

¿Cuánto es? [kuánto es?]	*Wie viel macht das?*
¿Cuánto es todo? [kuánto es tódo?]	*Wie viel macht das alles zusammen?*
el precio [el préßio]	*der Preis*
el euro [el éuro]	*der Euro*
el céntimo [el ßéntimo]	*der Cent*
Aquí tiene. [akí tiéne.]	*Bitte sehr.*
la vuelta [la wuélta]	*das Wechselgeld*

TR. 35

¡Adiós! [adiós!]	*Auf Wiedersehen! Tschüs!*
¡Chao! [tscháo!]	*Tschüs!*

¡Hasta luego! [ásta luégo!] *Bis später! / Bis bald!*
¡Hasta mañana! [ásta manjána!] *Bis morgen!*
¡Hasta pronto! [ásta prónto!] *Bis bald!*
¡Hasta la próxima! [ásta la próksima!] *Bis zum nächsten Mal!*
Nos vemos. [nos wémos!] *Man sieht sich.*

TR. 36

la verdura [la werdúra] *das Gemüse*
el ajo [el ácho] *der Knoblauch*
la berenjena [la berenchéna] *die Aubergine*
la calabaza [la kalabáßa] *der Kürbis*
la cebolla [la ßebója] *die Zwiebel*
el espárrago [el espárrago] *der Spargel*
la patata [la patáta] *die Kartoffel*
el pepino [el pepíno] *die Gurke*
el pimiento [el pimiénto] *die Paprika*
el puerro [el puérro] *der Lauch*
la seta [la séta] *der Pilz*
la zanahoria [la ßanaória] *die Mohrrübe*

TR. 37

barato [baráto] / **barata** [baráta] *billig*
caro [káro] / **cara** [kára] *teuer*
dulce [dúlße] *süß*
duro [dúro] / **dura** [dúra] *hart*
grande [gránde] *groß*
maduro [madúro] / **madura** [madúra] *reif*
pequeño [pekénjo] / **pequeña** [pekénja] *klein*

TR. 38

el color [el kolór] *die Farbe*
amarillo [amaríjo] / **amarilla** [amaríja] *gelb*
blanco [blánko] / **blanca** [blánka] *weiß*
rojo [rócho] / **roja** [rócha] *rot*
verde [wérde] *grün*

Nun ist Ihr Einkaufsnetz prall gefüllt. Nebenbei haben Sie gelernt, verschiedene Gemüsesorten zu benennen, zu sagen, wie viel Sie davon wollen, Sie können sich nach einem Preis erkundigen und ihn verstehen. Hören Sie sich zum Abschluss nun noch einmal den ganzen Dialog auf dem Markt an.

TR. 39

- Buenos días, ¿qué desea?
- Dos kilos de tomates maduros, por favor.
- ¿Algo más?
- Sí. Tres pimientos verdes. ¿Y cuánto cuestan los pepinos?
- Un pepino cuesta noventa céntimos.
- Entonces, deme dos pepinos, ah, y una cebolla.
- ¿Eso es todo?
- Sí, ¿cuánto es?
- Son seis euros con cuarenta y cinco.
- Aquí tiene.
- Y aquí tiene la vuelta. ¡Adiós!

Üben Sie nun noch einmal mit Hilfe der Bausteine Sätze zu bilden, die Ihnen beim Einkauf auf dem Markt helfen:

6 EN LA CALLE
AUF DER STRAßE

Sich in einer fremden Stadt zurechtzufinden, ist nicht einfach und manchmal ist man auf die Hilfe der Einheimischen angewiesen. Sie werden in dieser Lektion lernen, wie man sich nach verschiedenen Örtlichkeiten erkundigt, eine Wegbeschreibung versteht und auch wie man reagiert, wenn man einmal etwas nicht genau verstanden hat. Die folgenden Wörter und Wendungen kennen Sie schon oder Sie können Sie recht einfach erraten.

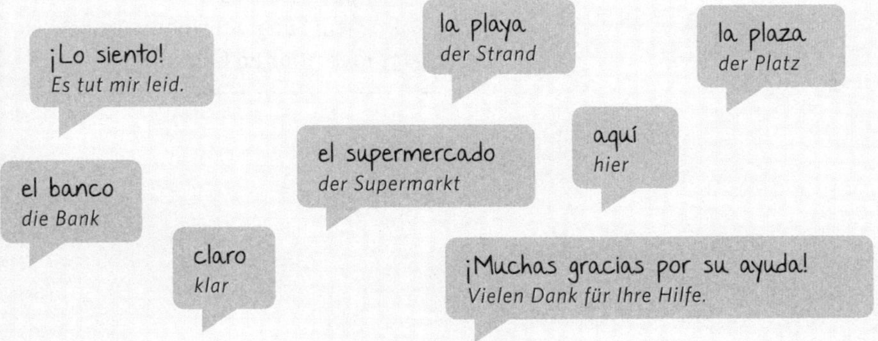

Die vernetzte Welt erleichtert heute vielerlei Dinge. Sich mit Hilfe eines Smartphones oder eines Navigationsgerätes an einem fremden Ort zurechtzufinden, ist viel einfacher geworden. Doch manchmal muss man trotzdem einen Ortskundigen um Hilfe bitten. Die folgenden Beispiele werden Sie sicher an Ihr Ziel führen.

Perdone,	¿hay	un supermercado	por aquí cerca?

[perdóne, ai un supermerkádo por akí ßérka?]
Entschuldigen Sie, gibt es einen Supermarkt hier in der Nähe?

Wenn Sie jemanden um eine Information bitten möchten, beginnen Sie Ihren Satz einfach mit **Perdone,...** [perdóne,...] *Entschuldigen Sie, ...* Die Du-Form wäre dementsprechend **Perdona,...** [perdóna,...] *Entschuldige, ...* Im Gegensatz dazu wird **¡Perdón!** [perdón!] *Entschuldigung!* nur gebraucht, wenn Sie z. B. jemanden aus Versehen anstoßen oder auf den Fuß treten.

Eine Form, die gleichwertig neben **Perdone, ...** [perdóne] / **Perdona, ...** [perdóna] steht, ist **Disculpe,...** [diskúlpe,...] *Entschuldigen Sie, ...* bzw. **Disculpa,...** [diskúlpa,...] *Entschuldige, ...*

Nachdem Sie nun die volle Aufmerksamkeit Ihres Gegenübers haben, müssen Sie nun Ihre Frage stellen. Das machen Sie mit: **¿Hay un supermercado por aquí cerca?** [ai un supermerkádo por akí ßérka?] *Gibt es einen Supermarkt hier in der Nähe?* In einem Fragesatz wie hier wird **hay...** [ai...] mit *gibt es ...?* übersetzt. In einem Aussagesatz einfach nur mit *es gibt...* Dieses unveränderliche Wörtchen wird also vor allem dazu gebraucht, um zu erfahren oder anzugeben, was vor Ort existiert.

Das unveränderliche **hay...** [ai...] steht:
- vor dem unbestimmtem Artikel:
¿Hay una cafetería por aquí cerca?
- vor Mengenangaben:
Sí, hay dos cafeterías.
- vor einem Substantiv ohne Artikel:
¿Hay mercados en Madrid?

Aber zurück zu Ihnen. Sie sind auf der Suche nach einem Supermarkt **el supermercado** [el supermerkádo] *der Supermarkt*, aber es gibt auch noch andere wichtige Örtlichkeiten in einer Stadt oder einem Dorf. Hier ein kleiner Überblick:

el banco [el bánko]	*die Bank*
la oficina de correos [la ofißína de korréos]	*das Postamt*
la carnicería [la karnißería]	*die Metzgerei*
la panadería [la panadería]	*die Bäckerei*
la farmacia [la farmáßia]	*die Apotheke*
el centro comercial [el ßéntro komerßiál]	*das Einkaufszentrum*
la estación de servicio [la estaßión de serwíßio]	*die Tankstelle*
la estación de metro [la estaßión de métro]	*die U-Bahn-Station*
la parada de autobús [la paráda de autobús]	*die Bushaltestelle*

Mit **por aquí cerca** [por akí ßérka] *hier in der Nähe* bringen Sie Ihre Frage nach dem Supermarkt zu Ende. **Aquí** *hier* kennen Sie bereits aus der Wendung **Aquí tiene.** (*Hier*) *bitte sehr.* von der Marktsituation. **Por aquí** heißt *hier entlang* und **por aquí cerca** ist ein fester Ausdruck für *hier in der Nähe*. Lernen Sie diesen Ausdruck einfach als Ganzes.

Jetzt sind Sie dran.

¿Hay o no hay? Verbinden Sie die spanischen Wörter mit ihrer deutschen Entsprechung.

1. una carnicería	___ **A** eine Apotheke
2. una farmacia	___ **B** eine Bank
3. una panadería	___ **C** eine Metzgerei
4. una estación de metro	___ **D** eine Bäckerei
5. una estación de servicio	___ **E** eine Tankstelle
6. un banco	___ **F** eine U-Bahn-Station

Lösung
1. C, **2.** A, **3.** D, **4.** F, **5.** E, **6.** B

Jetzt sind Sie dran.

Perdone... Bitten Sie einen Ortskundigen um Hilfe, indem Sie aus den durcheinandergeratenen Wörtern Fragen bilden. Sprechen Sie sie dann laut nach.

1. **hay** **por aquí cerca** **una panadería**

Perdone, ¿ ?

2. **una estación de metro** **hay** **por aquí cerca**

Perdone, ¿ ?

3. **hay** **por aquí cerca** **una farmacia**

Perdone, ¿ ?

4. **por aquí cerca** **una oficina de correos** **hay**

Perdone, ¿ ?

Lösung
1. Perdone, ¿hay una panadería por aquí cerca?
2. Perdone, ¿hay una estación de metro por aquí cerca?
3. Perdone, ¿hay una farmacia por aquí cerca?
4. Perdone, ¿hay una oficina de correos por aquí cerca?

Nun antwortet Ihnen Ihr Gegenüber mit einer Frage:

¿Un supermercado? — Sí, hay uno.

[un supermerkádo? si, ai úno.]
Einen Supermarkt? Ja, es gibt einen.

Genauso wie im Deutschen benutzt man solche Fragen in der gesprochenen Sprache, um Zeit zu gewinnen und zu überlegen.

Die Antwort kommt direkt im Anschluss: **Sí, hay uno.** [si, ai úno] *Ja, es gibt einen.* Das Zahlwort **uno** [úno] ersetzt hier **un supermercado** [un supermerkádo]. Wenn Sie nach einer Apotheke **una farmacia** [úna farmáßia] gefragt hätten, wäre die Antwort gewesen: **Sí, hay una.** [si, ai úna] *Ja, es gibt eine.*

Aber wo ist nun der Supermarkt? Es folgt die Wegbeschreibung:

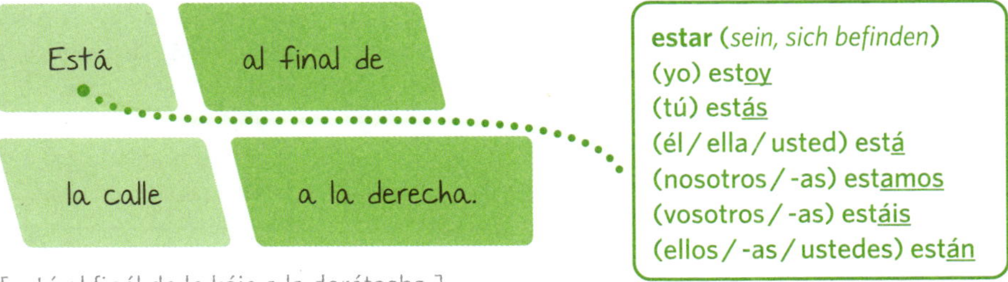

estar (*sein, sich befinden*)
(yo) estoy
(tú) estás
(él / ella / usted) está
(nosotros / -as) estamos
(vosotros / -as) estáis
(ellos / -as / ustedes) están

[está al finál de la káje a la derétscha.]
Er befindet sich am Ende der Straße auf der rechten Seite.

Mit dem Verb **estar** [estár] *sein / sich befinden* kann man u.a. ausdrücken, wo sich etwas oder jemand befindet. Um es nicht mit **ser** [ser] *sein* (Lektion 2) zu verwechseln, sollten Sie immer diese beiden Bedeutungen im Kopf haben. Später lernen Sie, wann man das eine oder andere Verb anwendet. Genauso wie **ser** ist **estar** ein unregelmäßiges Verb, dessen Formen Sie auswendig lernen müssen.

Jetzt sind Sie dran.

¿Dónde está / n...? Erklären und fragen Sie, wo sich die Personen und Örtlichkeiten befinden, indem Sie die Satzhälften zu sinnvollen Sätzen verbinden.

1. Hijo, ¿dónde	___ **A** estamos en Sevilla.
2. El Museo del Prado y el Museo Reina Sofía	___ **B** está al final de la calle.
3. Yo	___ **C** estás?
4. El banco	___ **D** están en Madrid.
5. Chicas, ¿dónde	___ **E** estoy en España. ¿Y tú?
6. Lito y yo	___ **F** estáis?

Lösung
1. C, **2.** D, **3.** E, **4.** B, **5.** F, **6.** A

Justo | al lado del | centro comercial.

[chústo al ládo del ßéntro komerßiál.]
Genau neben dem Shoppingcenter.

Die Präpositionen **a** und **de** verschmelzen mit dem männlichen Artikel **el:**
a + el = al
La estación de servicio está al final de la calle.
de + el = del
El banco está al lado del supermercado.

Mit Orts- und Richtungsangaben wie **al final de** [al finál de] *am Ende (von)* oder **a la derecha** [a la derétscha] *auf der rechten Seite* oder **al lado de** [al ládo de] *neben* können Sie den Ort genauer angeben.

Hier noch weitere wichtige Orts- und Richtungsangaben im Überblick:

a la izquierda (de) [a la ißkiérda (de)] *links (von) / auf der linken Seite*
a la derecha (de) [a la derétscha (de)] *rechts (von) / auf der rechten Seite*
al final (de) [al finál (de)] *am Ende (von)*
al lado (de) [al ládo (de)] *(da)neben*
cerca (de) [ßérka (de)] *in der Nähe (von)*
enfrente (de) [enfrénte (de)] *gegenüber (von)*
entre [éntre] *zwischen*
lejos (de) [léchos (de)] *weit (von) / weit entfernt*

Aber natürlich kann sich nicht immer alles **al final de la calle** [al finál de la káje] *am Ende der Straße* befinden, sondern manchmal ist es auch **en la plaza** [en la pláza] *auf dem Platz* oder die erste, zweite oder dritte Straße links oder rechts. Um Letzteres auszudrücken, brauchen Sie die Ordnungszahlen: **El supermercado está en la segunda calle a la izquierda.** [el supermerkádo está en la segúnda káje a la ißkiérda.] *Der Supermarkt ist in der zweiten Straße links.*

Ordnungszahlen richten sich im Geschlecht nach dem nachfolgenden Substantiv. Achtung: **Primero** und **tercero** verlieren das **-o** vor männlichen Substantiven:
Este es el primer / tercer marido de María.

primero / -a [priméro / -a] *erste / r / s*
segundo / -a [segúndo / -a] *zweite / r / s*
tercero / -a [terßéro / -a] *dritte / r / s*
cuarto / -a [kuárto / -a] *vierte / r / s*
quinto / -a [kínto / -a] *fünfte / r / s*
sexto / -a [séksto / -a] *sechste / r / s*

Jetzt sind Sie dran.

Al lado de, enfrente de, entre... Erklären Sie, wo sich was befindet, indem Sie die Satzhälften zu sinnvollen Sätzen verbinden.

1. El supermercado está entre ___ **A** la plaza.
2. La estación de metro está enfrente ___ **B** la farmacia y la carnicería.
3. El banco está en la tercera calle ___ **C** de Berlín.
4. Madrid está lejos ___ **D** a la derecha.
5. La panadería está en ___ **E** del banco.

Lösung
1. B, **2.** E, **3.** D, **4.** C, **5.** A

Ups, Ihr Gegenüber spricht aber schnell. So können Sie nicht alles verstehen.

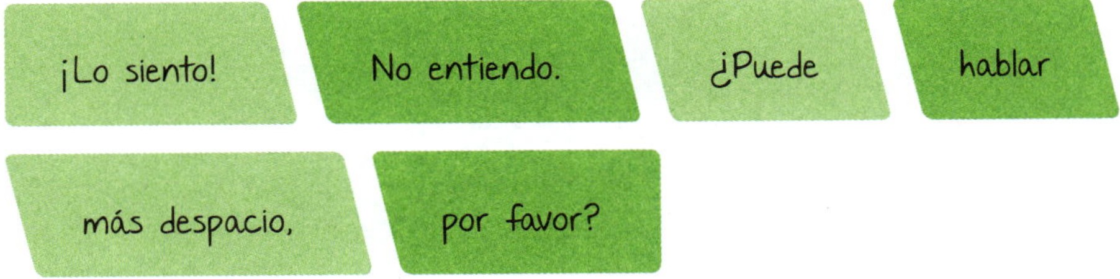

[lo siénto! No entiéndo. puéde ablár mas despáßio, por fawór?]
Es tut mir leid! Ich verstehe nicht. Können Sie bitte langsamer sprechen?

Es gibt verschiedene Strukturen, die Ihnen helfen, wenn Sie mal etwas nicht verstanden haben: **No entiendo.** [No entiéndo.] *Ich verstehe nicht.* **¿Puede hablar más despacio, por favor?** [puéde ablár mas despáßio, por fawór?] *Können Sie bitte langsamer sprechen?* oder geduzt **¿Puedes hablar más despacio, por favor?** [puédes ablár mas despáßio, por fawór?] *Kannst du bitte langsamer sprechen?*

Hier noch einmal die wichtigsten Redemittel im Überblick:

No entiendo. [no entiéndo.]	*Ich verstehe nicht.*
No comprendo. [no kompréndo.]	*Ich verstehe nicht.*
¿Puede / s hablar más despacio, por favor? [puéde / s ablár mas despáßio, por fawór?]	*Können Sie / Kannst du bitte langsamer sprechen?*
¿Puede / s repetir, por favor? [puéde / s repetír, por fawór?]	*Können Sie / Kannst du bitte wiederholen?*

Jetzt sind Sie dran.

¡Lo siento! Was sagen Sie im Gespräch, wenn ...

1. ... Sie etwas nicht verstanden haben?	___ **A** ¿Puede hablar más despacio, por favor?
2. ... Sie möchten, dass Ihr Gegenüber das Gesagte nochmal wiederholt?	___ **B** No entiendo.
3. ... Ihr Gegenüber langsamer sprechen soll?	___ **C** Perdone, ...
4. ... Sie jemanden ansprechen, weil Sie eine Frage haben?	___ **D** ¿Puede repetir, por favor?

Lösung
1. B, **2.** D, **3.** A, **4.** C

¡Por supuesto! El supermercado está al lado del centro comercial. Al final de la calle a la derecha.

[por supuésto! el supermerkádo está al ládo del ßéntro komerßiál. al finál de la káje a la derétscha.]
Der Supermarkt ist neben dem Shoppingcenter. Am Ende der Straße auf der rechten Seite.

¡Por supuesto! [por supuésto!] *Selbstverständlich!* ist Ihr Gegenüber bereit, alles noch einmal langsamer zu wiederholen. Jetzt ist alles klar. Manchmal muss man eben einfach nur nachhaken.

Jetzt sind Sie dran.

¿Puede repetir, por favor? Wiederholen Sie auf Spanisch, wo sich die verschiedenen Örtlichkeiten befinden.

1. Die Tankstelle ist in der dritten Straße links.

La estación de servicio está en la tercera calle a la izquierda.

2. Die U-Bahn-Station ist am Ende der Straße auf der rechten Seite.

3. Die Apotheke ist gegenüber vom Supermarkt.

4. Die Metzgerei ist zwischen dem Bäcker und der Bank.

5. Das Postamt ist in der zweiten Straße links.

Lösung
2. La estación de metro está al final de la calle a la derecha.
3. La farmacia está enfrente del supermercado.
4. La carnicería está entre la panadería y el banco.
5. La oficina de correos está en la segunda calle a la izquierda.

Da haben Sie wirklich einen geduldigen Ortskundigen gefunden. Warum dann nicht gleich weiterfragen, wenn Sie schon einmal dabei sind. Sie brauchen ja auch noch Brot …

¿También hay | una panadería | por aquí?

[también ai úna panadería por akí?]
Gibt es auch eine Bäckerei hier?

Sie können auch so nach einem Ort fragen: **¿Dónde está el mercado?** [dónde está el merkádo] *Wo ist der Markt?* oder **¿Dónde hay una estación de metro?** [dónde ai una estaßión de métro?] *Wo gibt es eine U-Bahn-Haltestelle?*

Nicht vergessen: **Hay** [ai] *es gibt* steht mit dem unbestimmten Artikel: **¿Dónde hay un banco?** **Estar** [estár] *sein/sich befinden* steht mit dem bestimmten Artikel. **¿Dónde está el banco?**

[si, kláro, ai úna panadería enfrénte del supermerkádo.]
Ja, klar, es gibt eine Bäckerei gegenüber vom Supermarkt.

Diesmal verstehen Sie die Antwort auf Anhieb. Die Bäckerei ist also gegenüber vom Supermarkt. Prima, jetzt haben Sie alle Informationen, die Sie brauchen.

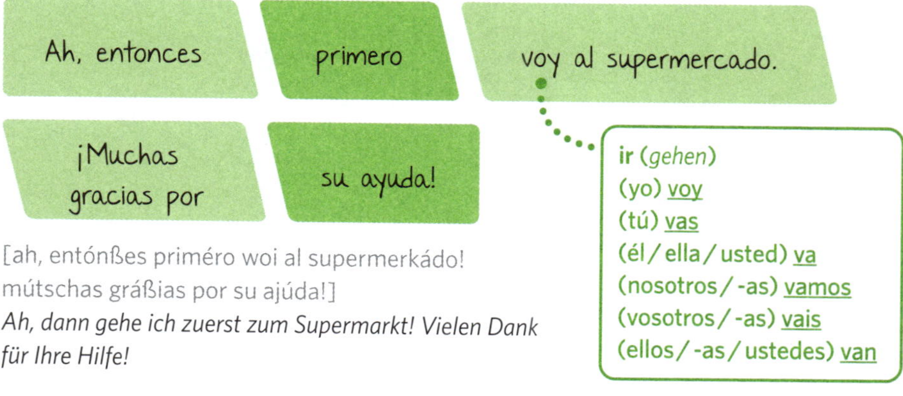

ir (*gehen*)
(yo) voy
(tú) vas
(él / ella / usted) va
(nosotros / -as) vamos
(vosotros / -as) vais
(ellos / -as / ustedes) van

[ah, entónßes priméro woi al supermerkádo! mútschas gráßias por su ajúda!]
Ah, dann gehe ich zuerst zum Supermarkt! Vielen Dank für Ihre Hilfe!

(Yo) voy [(jo) woi] ist die 1. Person Singular des unregelmäßigen Verbs **ir** [ir] *gehen*. **Ir** ist ein Verb, das man sehr vielseitig einsetzen kann. Das werden Sie auch in der nächsten Lektion noch sehen. Fürs Erste merken Sie sich aber die Struktur **ir a**. Die Präposition **a** kann hier *zu*, *in*, *an* und *nach* bedeuten:

ir al supermercado [ir al supermerkádo]	*in den Supermarkt gehen*
ir al cine [ir al ßíne]	*ins Kino gehen*
ir a la playa [ir a la plája]	*an den Strand gehen*
ir a casa [ir a kása]	*nach Hause gehen*

Primero [priméro] ist nicht nur eine Ordnungszahl *erster*, sondern heißt auch *zuerst*. Mit Wörtern wie diesem können Sie eine Reihenfolge festlegen. Wenn Sie ausdrücken wollen, was Sie im Anschluss machen, sagen Sie einfach **luego** [luégo] *dann*: **Primero voy al supermercado y luego a la panadería.** [priméro woi al supermerkádo i luégo a la panadería.] *Zuerst gehe ich zum Supermarkt und dann zur Bäckerei.*

Jetzt sind Sie dran.

¿Adónde van? *Wohin gehen sie?* Sagen und fragen Sie, wo die Personen hingehen, indem Sie die Satzhälften zu sinnvollen Sätzen verbinden.

1. Primero voy a la oficina de correos	___ **A** ¿vais a casa?
2. Graciela y yo	___ **B** van al cine.
3. Iván	___ **C** y luego a la farmacia.
4. Ana, ¿primero	___ **D** va a la farmacia.
5. Chicos,	___ **E** vamos a España.
6. Mis hijos	___ **F** vas a Madrid y luego a Sevilla?

Lösung
1. C, **2.** E, **3.** D, **4.** F, **5.** A, **6.** B

Jetzt sind Sie dran.

Hier finden Sie eine Übersicht der Wörter, denen Sie in dieser Lektion begegnet sind. Eine weitere Möglichkeit zum Vokabellernen ist das Schreiben der Wörter auf Karteikarten: Das spanische Wort schreiben Sie am besten mit einem Beispielsatz auf die Vorderseite, das deutsche Wort auf die Rückseite. Wiederholen Sie dann die Vokabeln in regelmäßigen Abständen in einem Umfang von 10 bis 15 Karteikarten. Lernen Sie so die neuen Wörter und wiederholen Sie die aus vergangenen Lektionen.

TR. 40

Perdone,... [perdóne,...] — *Entschuldigen Sie, ...*
Perdona,... [perdóna,...] — *Entschuldige, ...*
¡Perdón! [perdón!] — *Entschuldigung!*
Disculpe,... [diskúlpe,...] — *Entschuldigen Sie, ...*
Disculpa,... [diskúlpa,...] — *Entschuldige, ...*
hay [ai] — *es gibt*
(por) aquí cerca [(por) akí ßérka] — *hier in der Nähe*

TR. 41

la casa [la kása] — *das Haus*
la calle [la káje] — *die Straße*
la plaza [la pláßa] — *der Platz*
la playa [la plája] — *der Strand*
el cine [el ßíne] — *das Kino*
el banco [el bánko] — *die Bank*
la oficina de correos [la ofißína de korréos] — *das Postamt*
la carnicería [la karnißería] — *die Metzgerei*
la panadería [la panadería] — *die Bäckerei*
la farmacia [la farmáßia] — *die Apotheke*
el supermercado [el supermerkádo] — *der Supermarkt*
el centro comercial [el ßéntro komerßiál] — *das Einkaufszentrum*
la estación de servicio [la estaßión de serwíßio] — *die Tankstelle*
la estación de metro [la estaßión de métro] — *die U-Bahn-Station*
la parada de autobús [la paráda de autobús] — *die Bushaltestelle*

TR. 42

¿Adónde? [adónde?] — *Wohin?*
¿Dónde? [dónde?] — *Wo?*
ir [ir] — *gehen*
a [a] — *zu, in, an, nach*
ir a casa [ir a kása] — *nach Hause gehen*
primero [priméro] — *zuerst*
luego [luégo] — *dann*

TR. 43

estar [estár] — *sein / sich befinden*
a la izquierda (de) [a la ißkiérda (de)] — *links (von) / auf der linken Seite*
a la derecha (de) [a la derétscha (de)] — *rechts (von) / auf der rechten Seite*
justo [chústo) — *genau*
al lado (de) [al ládo (de)] — *(da)neben*
al final (de) [al finál (de)] — *am Ende (von)*
cerca (de) [ßérka (de)] — *in der Nähe (von)*
enfrente (de) [enfrénte (de)] — *gegenüber (von)*
entre [éntre] — *zwischen*
lejos (de) [léchos (de)] — *weit (von) / weit entfernt*

TR. 44

primero [priméro] / **primera** [priméra] — *erste / r / s*
segundo [segúndo] / **segunda** [segúnda] — *zweite / r / s*
tercero [terßéro] / **tercera** [terßéra] — *dritte / r / s*
cuarto [kuárto] / **cuarta** [kuárta] — *vierte / r / s*
quinto [kínto] / **quinta** [kínta] — *fünfte / r / s*
sexto [séksto] / **sexta** [séksta] — *sechste / r / s*

TR. 45

No entiendo. [no entiéndo.] — *Ich verstehe nicht.*
No comprendo. [no kompréndo.] — *Ich verstehe nicht.*
¿Puede hablar más despacio, por favor? [puéde ablár mas despáßio, por fawór?] — *Können Sie bitte langsamer sprechen?*
¿Puedes hablar más despacio, por favor? [puédes ablár mas despáßio, por fawór?] — *Kannst du bitte langsamer sprechen?*

¿Puede repetir, por favor? [puéde repetír, por fawór?] *Können Sie bitte wiederholen?*

¿Puedes repetir, por favor? [puédes repetír, por fawór?] *Kannst du bitte wiederholen?*

Hören Sie sich zum Abschluss noch einmal den ganzen Dialog auf der Straße an.

TR. 46

- Perdone, ¿hay un supermercado por aquí cerca?
- ¿Un supermercado? Sí, hay uno. Está al final de la calle, a la derecha. Justo al lado del centro comercial.
- ¡Lo siento! No entiendo. ¿Puede hablar más despacio, por favor?
- ¡Por supuesto! El supermercado está al lado del centro comercial. Al final de la calle a la derecha.
- ¿También hay una panadería por aquí?
- Sí, claro, hay una panadería enfrente del supermercado.
- Ah, entonces primero voy al supermercado. ¡Muchas gracias por su ayuda!

Bilden Sie nun aus den Bausteinen Sätze, um den richtigen Weg zu finden:

7 EN EL SUPERMERCADO

IM SUPERMARKT

Ein Ausflug in den Supermarkt ist in jedem Land eine Erfahrung wert. Hier finden Sie viele Spezialitäten. Mittlerweile können Sie schon viele Alltags-situationen meistern. Die folgenden Wörter und Ausdrücke kennen Sie bereits, Sie werden sie hier wiederfinden.

¿Qué desea?
Was wünschen Sie?

Un momento, por favor...
Einen Augenblick bitte ...

tercero
dritter

¿Me pone...?
Geben Sie mir ...?

¿Qué más?
Was darf es noch sein?

¿Dónde está...?
Wo ist ...?

a la izquierda
links

aquí al lado
hier nebenan

Die spanische Supermarktlandschaft ist facettenreich und reicht vom traditionellen Lebensmitteleinzelhandel bis zum Discounter. Auch deutsche Discounter haben dort inzwischen Fuß gefasst und machen den heimischen Geschäften große Konkurrenz. Die wirklich großen Supermärkte, die sogenannten **hipermercados** [ipermerkádos], liegen allerdings in der Regel am Stadtrand. Dort erledigen viele Spanier ihren Großeinkauf. Es gibt aber genauso noch Läden, die auf beengter Fläche all das anbieten, was man zum Leben braucht, gerade in kleineren Städten und Dörfern. Während die größeren Supermärkte von morgens bis spät abends durchgehend geöffnet haben, schließen die kleinen, familienbetriebenen Läden in der Mittagszeit.

Aber nun zu Ihnen. Sie wollen typisch spanische Lebensmittel einkaufen und gehen in einen Supermarkt in der Stadt. Sie werden in dieser Lektion lernen, wie die verschiedenen Abteilungen in einem Supermarkt heißen, wie Sie sich erkundigen können, wo Sie etwas finden und was man sagt, wenn man bestimmte Mengen von Wurst und Käse einkaufen möchte. Los geht's! Ihr erster Weg führt Sie zur Theke mit den Wurstwaren: **la charcutería** [la tscharkutería] *die Wurstwaren / das Wurstwarengeschäft*.

¿El siguiente?

[el sigiénte?]
Der Nächste?

Mit dieser Frage ruft die Verkäuferin den nächsten Kunden auf. Hierbei handelt es sich um eine geschlechtsneutrale Frage. Wenn nur Frauen anwesend wären, würde die Verkäuferin sagen: **¿La siguiente?** [la sigiénte] *Die Nächste?*

Jetzt machen Sie deutlich, dass Sie an der Reihe sind.

Soy yo. | ¿Me pone | trescientos gramos de | jamón ibérico?

[soi jo. me póne tresßiéntos grámos de chamón ibériko?]
(Das bin) ich. Geben Sie mir dreihundert Gramm Ibérico-Schinken?

Die Antwort auf die Frage **¿El siguiente?** [el sigiénte?] *Der Nächste?* ist **Soy yo.** [soi jo.] *Das bin ich.*

Erinnern Sie sich an Ihren Marktbesuch (Lektion 5)? Dort haben Sie bereits gelernt, dass Sie eine Frage mit **¿Me pone...?** [me póne...?] *Geben Sie mir ...?* oder **¿Me pones...?** [me pónes...?] *Gibst du mir ...?* einleiten können, wenn Sie etwas einkaufen. Diese Wendung finden Sie auch hier wieder.

Sie wollen also **trescientos gramos de jamón ibérico** [tresßiéntos grámos de chamón ibériko] *dreihundert Gramm Ibérico-Schinken.* Mit der Struktur *Menge* + **gramos de** + *Produkt* bestimmen Sie, wie viel Gramm Sie von einem Produkt haben möchten.

Um aber auch Grammangaben über 99 machen zu können, brauchen Sie die Zahlen von 100-999. Ab **mil** [mil] *tausend* machen Sie Kiloangaben. Aber nun zu den Hundertern. Die Zahlen zu bilden, ist nicht schwierig. Zunächst sagen Sie den Hunderter und hängen dann eine Zahl von 1-99 daran. Wenn nötig, sehen Sie sich noch einmal die Zahlen von 0-10 (Lektion 1) und von 11-99 (Lektion 3) an.

100	**cien** [ßién]
101	**ciento uno** [ßiento‿úno]
111	**ciento once** [ßiento‿ónße]
125	**ciento veinticinco** [ßiento‿veinticínco]
134	**ciento treinta y cuatro** [ßiento‿treintaikuátro]
200	**doscientos** [dosßiéntos]
300	**trescientos** [tresßiéntos]
400	**cuatrocientos** [kuatroßiéntos]
500	**quinientos** [kiniéntos]
600	**seiscientos** [seisßiéntos]
700	**setecientos** [seteßiéntos]
800	**ochocientos** [otschoßiéntos]
900	**novecientos** [noweßiéntos]

Achtung:
100 heißt **cien** [ßién], ab 101 wird **-to** angehängt: **ciento** [ßiénto].
Ähnlich wie bei **uno, una** passen sich die Hunderter von 200 - 900 an das Geschlecht des Substantivs an.
El hotel tiene doscientas y una habitaciones.

Jetzt sind Sie dran.

¡Más números! Ordnen Sie die Ziffern den ausgeschriebenen Zahlen zu und lesen Sie die Zahlen danach laut vor.

1. 154	___ **A** cuatrocientos trece
2. 323	___ **B** setecientos sesenta y cinco
3. 413	___ **C** novecientos noventa y nueve
4. 116	___ **D** ochocientos ochenta y siete
5. 765	___ **E** quinientos setenta y uno
6. 571	___ **F** trescientos veintitrés
7. 205	___ **G** seiscientos cuarenta y tres
8. 887	___ **H** ciento cincuenta y cuatro
9. 643	___ **I** ciento dieciséis
10. 999	___ **J** doscientos cinco

Lösung
1. H, **2.** F, **3.** A, **4.** I, **5.** B, **6.** E, **7.** J, **8.** D, **9.** G, **10.** C

El jamón ibérico [el chamón ibériko] *der Ibérico-Schinken* bildet den Anfang Ihrer kulinarischen Reise. Wussten Sie, dass die Bezeichnung **ibérico** [ibériko] *iberisch* nicht auf die Herkunft des Schinkens verweist, sondern auf die Schweinerasse? Iberische Schweine haben meistens eine dunkle Hautfarbe und schwarze Klauen.

Im Gegensatz zum Ibérico-Schinken stammt der Serrano-Schinken, **el jamón serrano** [el chamón serráno], von dem gemeinen Hausschwein.

Damit Sie aber auch noch nach anderen beliebten Schinken- und Wurstwaren fragen können, folgt eine kleine Auswahl:

el chorizo [el tschorí ßo]	*luftgetrocknete Paprikawurst*
el jamón ibérico [el chamón ibériko]	*der Ibérico-Schinken*
el jamón serrano [el chamón serráno]	*der Serrano-Schinken*
la morcilla [la morßíja]	*die Blutwurst*
el salchichón [el saltschitschón]	*luftgetrocknete Hartwurst*

Jetzt sind Sie dran.

¿Me pone...? Sagen Sie auf Spanisch, wie viel Wurst oder Schinken Sie kaufen möchten.

1. Geben Sie mir vierhundert Gramm luftgetrocknete Hartwurst?

¿ Me pone cuatrocientos gramos de salchichón ?

2. Geben Sie mir sechshundert Gramm Serrano-Schinken?

¿ ?

3. Geben Sie mir neunhundert Gramm Blutwurst?

¿ ?

4. Geben Sie mir zweihunderfünfzig Gramm Ibérico-Schinken?

¿ ?

5. Geben Sie mir hundertfünfzig Gramm luftgetrocknete Paprikawurst?

¿ ?

Lösung

2. ¿Me pone seiscientos gramos de jamón serrano?
3. ¿Me pone novecientos gramos de morcilla?
4. ¿Me pone doscientos cincuenta gramos de jamón ibérico?
5. ¿Me pone ciento cincuenta gramos de chorizo?

Mit dem Schinken dauert es noch ein wenig:

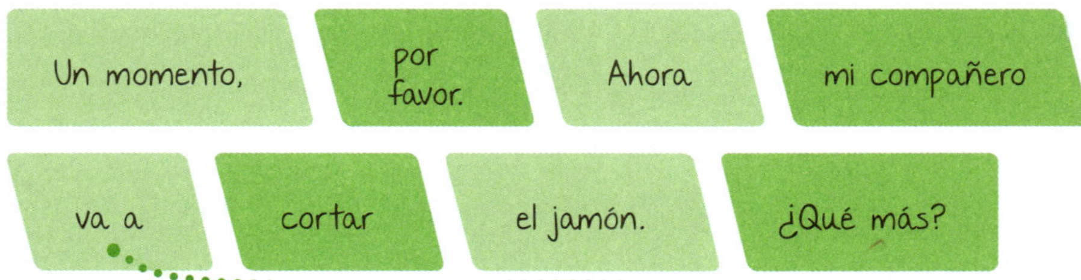

[un moménto, por fawór. aóra mi kompanjéro wa a kortár el chamón. ke mas?]
Einen Moment bitte. Mein Kollege schneidet gleich den Schinken. Was darf es sonst noch sein?

Mit **ir a** + *Infinitiv* wird vor allem in der gesprochenen Sprache über zukünftige Ereignisse gesprochen
Pronto voy a hablar muy bien español.
Ich spreche bald sehr gut Spanisch.

Vielerorts wird der Schinken traditionell noch per Hand direkt von der Keule geschnitten.

Das Verb **ir** [ir] *gehen* kennen Sie bereits aus Lektion 6. Nun lernen Sie eine weitere Anwendung des Verbs kennen. Mit der Stuktur **ir a** + *Infinitiv* können Sie Zukünftiges ausdrücken, ähnlich wie mit *going to* im Englischen: **Ahora mi compañero va a cortar el jamón.** [aóra mi kompanjéro wa a kortár el chamón.] *Mein Kollege schneidet gleich den Schinken.*

Eng verbunden mit dieser Zeit sind Angaben wie **ahora** [aóra] *gleich / jetzt* oder **luego** [luégo] *später / dann*. Weitere Zeitangaben sind:

hoy [oi]	*heute*
mañana [manjána]	*morgen*
por la mañana [por la manjána]	*morgens*
al mediodía [al mediodía]	*mittags*
por la tarde [por la tárde]	*nachmittags / abends*
por la noche [por la nótsche]	*abends / nachts*
pronto [prónto]	*bald*
la próxima semana [la próksima semana]	*nächste Woche*
el próximo mes [el próksimo mes]	*nächsten Monat*
el próximo año [el próksimo ánjo]	*nächstes Jahr*

Sie haben bereits für die Nachfragen der Verkäuferin nach weiteren Wünschen die Wendungen **¿Eso es todo?** [éso es tódo?] *Ist das alles?* und **¿Algo más?** [álgo mas?] *Darf es noch etwas sein?* kennengelernt. Hier sehen Sie noch eine weitere Variante: **¿Qué más?** [ke mas?] *Was darf es sonst noch sein?*

Jetzt sind Sie dran.

¿Vas a cortar el jamón? Sagen und fragen Sie, was diese Personen tun werden, indem Sie die Satzhälften zu sinnvollen Sätzen verbinden.

1. Mañana Manuel y yo	___	**A** vais a ser vecinos el próximo mes?
2. José, ¿por la tarde	___	**B** vamos a estar en Madrid.
3. El próximo año Elena y Verónica	___	**C** va a ir a la panadería.
4. Al mediodía Hugo	___	**D** voy a hablar español muy bien. ¿Y tú?
5. ¿Vosotros	___	**E** vas a ir al supermercado tú o tu hermano?
6. Pronto yo	___	**F** van a vivir en Berlín.

Lösung
1. B, **2.** E, **3.** F, **4.** C, **5.** A, **6.** D

Sie haben aber noch weitere Wünsche:

Ciento cincuenta | gramos de | chorizo
y doscientos gramos de | queso manchego.

[ßiénto ßincuénta grámos de tschoríßo i dosßiéntos grámos de késo mantschégo.]
Hundertfünfzig Gramm Chorizo und zweihundert Gramm Manchego-Käse.

Von der Paprikawurst **el chorizo** [el tschoríßo] wollen Sie selbstverständlich auch probieren, ebenso wie von den spanischen Käsespezialitäten. Eine der bekanntesten steht ganz oben auf Ihrer Einkaufsliste: **el queso manchego** [el késo mantschégo] *der Manchego-Käse*, ein Hartkäse aus Schafsmilch aus Kastilien-La Mancha mit geschützter Herkunftsbezeichnung.

Wo man in Spanien das Wort **charcutería** [tscharkutería] *Wurstwaren* liest, ist der Käse oft nicht weit, egal, ob an der Theke im Supermarkt oder im Laden.

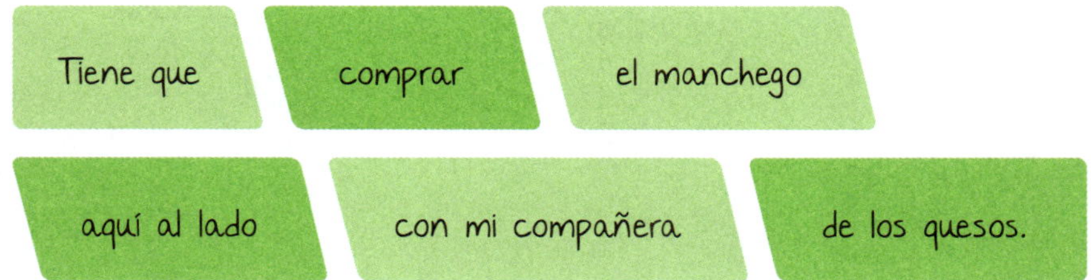

[tiéne ke komprár el mantschégo akí al ládo kon mi kompanjéra de los késos.]
Sie müssen den Manchego hier nebenan bei meiner Kollegin vom Käse kaufen.

Das unregelmäßige Verb **tener** [tenér] *haben* kennen Sie bereits (Lektion 3). Wenn Sie oder andere etwas tun müssen, brauchen Sie **tener que** [tenér ke] *müssen*. Darauf folgt der Infinitiv des Verbs also **Tiene que comprar...** [tiéne ke komprár...] *Sie müssen ... kaufen*. Merken Sie sich also die Strukrur **tener que** + *Infinitiv*.

Jetzt sind Sie dran.

Tengo que... Erzählen Sie, was getan werden muss, indem Sie aus den durcheinandergeratenen Wörtern Sätze bilden.

1. **comprar** **tengo que** **queso** **doscientos gramos de**

2. **mi compañero** **el jamón** **cortar** **tiene que**

3. **hablar** **Julia y Carmen,** **más despacio** **tenéis que**

4. **comprar** **tienen que** **mis hermanos** **jamón** **medio kilo de**

Lösung

1. Tengo que comprar doscientos gramos de queso.
2. Mi compañero tiene que cortar el jamón.
3. Julia y Carmen, tenéis que hablar más despacio.
4. Mis hermanos tienen que comprar medio kilo de jamón.

Wo Sie Ihren Käse herbekommen, wissen Sie nun auch, aber wo finden Sie Ölivenöl?

Ah, muy bien. ¿Y dónde está el aceite de oliva?

[ah, mui bién. i dónde está el aßéite de olíwa?]
Ah, sehr gut. Und wo ist das Olivenöl?

Bevor Sie jetzt unnötig durch die Gänge streifen, erkundigen Sie sich bei der Verkäuferin noch schnell nach dem Olivenöl. Wie man nach etwas fragt, haben Sie bereits in Lektion 6 gelernt. Das vertiefen Sie hier noch einmal: **¿Y dónde está el aceite de oliva?** [i dónde está el aßéite de olíwa?] *Und wo ist das Olivenöl?*

Aber genauso wichtig ist zu wissen, wie andere Lebensmittel und Produkte des täglichen Lebens heißen, nicht wahr? Hier eine Auswahl:

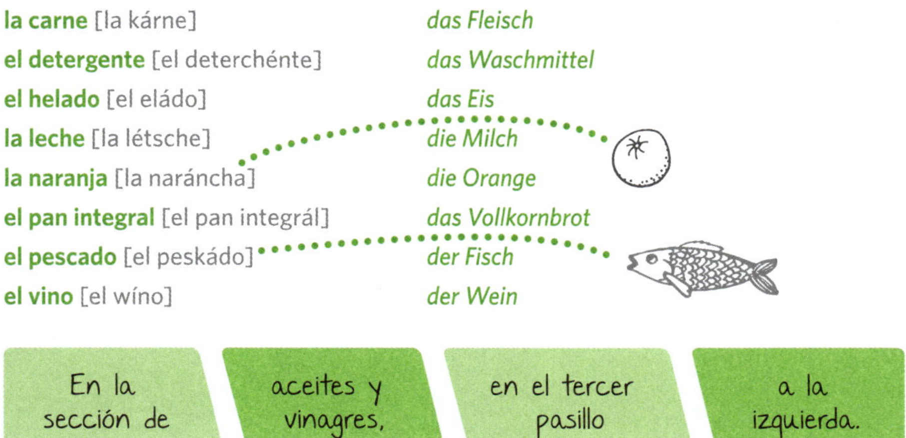

la carne [la kárne] — *das Fleisch*
el detergente [el deterchénte] — *das Waschmittel*
el helado [el eládo] — *das Eis*
la leche [la létsche] — *die Milch*
la naranja [la narántcha] — *die Orange*
el pan integral [el pan integrál] — *das Vollkornbrot*
el pescado [el peskádo] — *der Fisch*
el vino [el wíno] — *der Wein*

En la sección de aceites y vinagres, en el tercer pasillo a la izquierda.

[en la sekßión de aßéites i winágres, en el terßér pasíjo a la ißkiérda]
In der Abteilung für Öl und Essig, im dritten Gang links.

Die Verkäuferin erklärt Ihnen rasch, wo Sie das Öl finden: **En la sección de aceites y vinagres, en el tercer pasillo a la izquierda.** [en la sekßión de aßéites i winágres, en el terßér pasíjo a la ißkiérda] *In der Abteilung für Öl und Essig, im dritten Gang links.* Sie haben auf Anhieb alles verstanden. Super! Es gibt aber noch andere Abteilungen in

einem Supermarkt. Die Bezeichnungen dafür können von Supermarkt zu Supermarkt leicht variieren.
Manche nutzen die Bezeichnungen der traditionellen Geschäfte für ihre Abteilungen: **La verdulería** [la werdulería] ist nicht nur der *Gemüseladen*, sondern auch die *Gemüseabteilung*. Hier noch ein paar weitere Abteilungen, die von den jeweiligen Läden abgleitet sind:

la charcutería [la tscharkutería] *die Wurstwarenabteilung*
la droguería [la drogería] *die Drogerieabteilung*
la frutería [la frutería] *die Obstabteilung*
la panadería [la panadería] *die Brotabteilung*
la pescadería [la pescadería] *die Fischabteilung*

Andere Supermärkte nutzen Kategorien, die manchmal mehr und manchmal weniger detailliert sind. Mit diesem Wortschatz finden Sie sich aber ganz sicher zurecht:

la sección de... [la sekßión de...] *die Abteilung für ...*
(las) bebidas [(las) bebídas] *(die) Getränke*
(los) congelados [(los) koncheládos] *(die) Gefrierkost*
(las) frutas [(las) frútas] *(das) Obst*
(los) productos lácteos [(los) prodúktos lákteos] *(die) Milchprodukte*
(el) pescado [(el) peskádo] *(der) Fisch*
(las) verduras [(las) werdúras] *(das) Gemüse*

Jetzt sind Sie dran.

El supermercado y sus secciones. Kreuzen Sie an, in welcher Abteilung Sie die folgenden Lebensmittel finden.

1. El pan integral está en...
- ☐ **A** la panadería.
- ☐ **B** la charcutería.
- ☐ **C** la verdulería.

2. La leche está en la sección de...
- ☐ **A** aceites y vinagres.
- ☐ **B** productos lácteos.
- ☐ **C** bebidas.

3. El pescado está en...
- ☐ **A** la carnicería.
- ☐ **B** la frutería.
- ☐ **C** la pescadería.

4. Las naranjas están en la sección de...
- ☐ **A** frutas.
- ☐ **B** pescado.
- ☐ **C** verduras.

5. El detergente está en...
- ☐ **A** la charcutería.
- ☐ **B** la verdulería.
- ☐ **C** la droguería.

6. El helado está en la sección de...
- ☐ **A** congelados.
- ☐ **B** bebidas.
- ☐ **C** productos lácteos.

Lösung
1. A, **2.** B, **3.** C, **4.** A, **5.** C, **6.** A

Jetzt Sind Sie dran.

Nun haben Sie alles in Ihrem Einkaufswagen, was Sie brauchen. Wie gewohnt sehen Sie im Anschluss alle neuen Wörter der Lektion im Überblick. Wenn Sie einkaufen, versuchen Sie doch einfach einmal alle Lebensmittel, die Sie im Supermarkt sehen und bereits kennen, auf Spanisch vor sich hinzusprechen. Immer mit dem bestimmten Artikel, versteht sich. Oder schreiben Sie Ihren Einkaufszettel einmal auf Spanisch.

TR. 47

el compañero [el kompanjéro] / **la compañera** [la kompanjéra]	*der Kollege / die Kollegin*
comprar [komprár]	*kaufen*
cortar [kortár]	*schneiden*
el gramo [el grámo]	*das Gramm*
el pasillo [el pasíjo]	*der Gang / der Flur*
¿Qué más? [ke mas?]	*Was darf es sonst noch sein?*

el siguiente [el sigiénte] / **la siguiente** [la sigiénte]	*der Nächste / die Nächste*
tener que [tenér ke]	*müssen*

TR. 48

hoy [oi]	*heute*
mañana [manjána]	*morgen*
por la mañana [por la manjána]	*morgens*
al mediodía [al mediodía]	*mittags*
por la tarde [por la tárde]	*nachmittags / abends*
por la noche [por la nótsche]	*abends / nachts*
pronto [prónto]	*bald*
ahora [aóra]	*gleich / jetzt*
luego [luégo]	*später / dann*
la próxima semana [la próksima semána]	*nächste Woche*
el próximo mes [el próksimo mes]	*nächsten Monat*
el próximo año [el próksimo ánjo]	*nächstes Jahr*

TR. 49

cien [ßién]	*hundert*
doscientos [dosßiéntos]	*zweihundert*
trescientos [tresßiéntos]	*dreihundert*
cuatrocientos [kuatroßiéntos]	*vierhundert*
quinientos [kiniéntos]	*fünfhundert*
seiscientos [seisßiéntos]	*sechshundert*
setecientos [seteßiéntos]	*siebenhundert*
ochocientos [otschoßiéntos]	*achthundert*
novecientos [noweßiéntos]	*neunhundert*
mil [mil]	*tausend*

TR. 50

el chorizo [el tschoríßo]	*luftgetrocknete Paprikawurst*
el jamón [el chamón]	*der Schinken*
el jamón ibérico [el chamón ibériko]	*der Ibérico-Schinken*
el jamón serrano [el chamón serráno]	*der Serrano-Schinken*

la morcilla [la morßíja]	*die Blutwurst*
el salchichón [el saltschitschón]	*luftgetrocknete Hartwurst*
el queso [el késo]	*der Käse*

TR. 51

el aceite de oliva [aßéite de olíwa]	*das Olivenöl*
la carne [la kárne]	*das Fleisch*
el detergente [el deterchénte]	*das Waschmittel*
el helado [el eládo]	*das Eis*
la leche [la létsche]	*die Milch*
la naranja [la naráncha]	*die Orange*
el pan integral [el pan integrál]	*das Vollkornbrot*
el pescado [el peskádo]	*der Fisch*
el vinagre [el winágre]	*der Essig*
el vino [el wíno]	*der Wein*

TR. 52

la charcutería [la tscharkutería]	*das Wurstwarengeschäft / die Wurstwarenabteilung*
la droguería [la drogería]	*die Drogerie / die Drogerieabteilung*
la frutería [la frutería]	*der Obstladen / die Obstabteilung*
la panadería [la panadería]	*die Bäckerei / die Brotabteilung*
la pescadería [la pescadería]	*das Fischgeschäft / die Fischabteilung*
la sección de... [la sekßión de...]	*die Abteilung für ...*
... (las) bebidas [(las) bebídas]	*... (die) Getränke*
... (los) congelados [(los) koncheládos]	*... (die) Gefrierkost*
... (las) frutas [(las) frútas]	*... (das) Obst*
... (los) productos lácteos [(los) produktos lákteos]	*... (die) Milchprodukte*
... (el) pescado [(el) peskádo]	*... (der) Fisch*
... (las) verduras [(las) werdúras]	*... (das) Gemüse*

Jetzt können Sie im Laden oder an der Theke genau sagen, wie viel Gramm spanischen Schinken, Wurst oder Käse Sie haben möchten. Gleichzeitig können Sie die verschiedenen Abteilungen in einem Supermarkt benennen und fragen, wo sich welches Produkt befindet. Hören Sie sich zum Abschluss nun noch einmal den ganzen Dialog an der Wursttheke im Supermarkt an.

TR. 53

- ¿El siguiente?
- Soy yo. ¿Me pone trescientos gramos de jamón ibérico?
- Un momento, por favor. Ahora mi compañero va a cortar el jamón. ¿Qué más?
- Ciento cincuenta gramos de chorizo y doscientos gramos de queso manchego.
- Tiene que comprar el manchego aquí al lado con mi compañera de los quesos.
- Ah, muy bien. ¿Y dónde está el aceite de oliva?
- En la sección de aceites y vinagres, en el tercer pasillo a la izquierda.

Jetzt üben Sie noch mal mit den Bausteinen Sätze zu bilden, die Ihnen Ihren Einkauf im Supermarkt erleichtern.

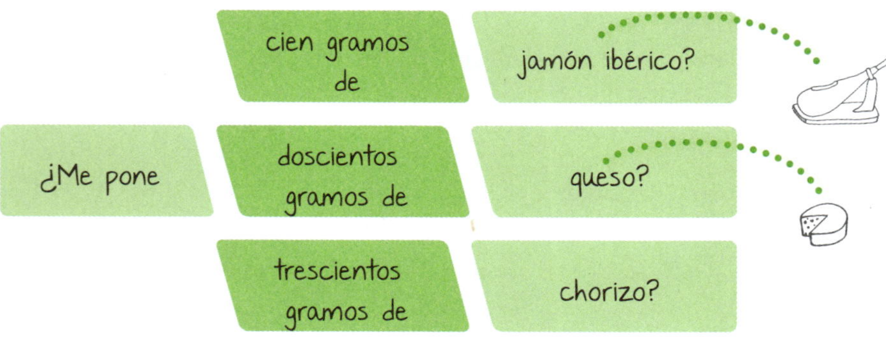

8 EN EL BAR DE TAPAS

IN DER TAPASBAR

Ein Besuch in einer Tapasbar ist eigentlich Pflicht, wenn Sie in Spanien sind. In dieser Lektion lernen Sie eine kleine Auswahl von Tapas und Getränken kennen, über Vorlieben zu sprechen, Vorschläge zu machen und diese anzunehmen oder abzulehnen. Starten Sie wie immer, indem Sie zuerst Wörter und Ausdrücke wiederholen, die Sie bereits kennen und die Ihnen hier wieder begegnen werden.

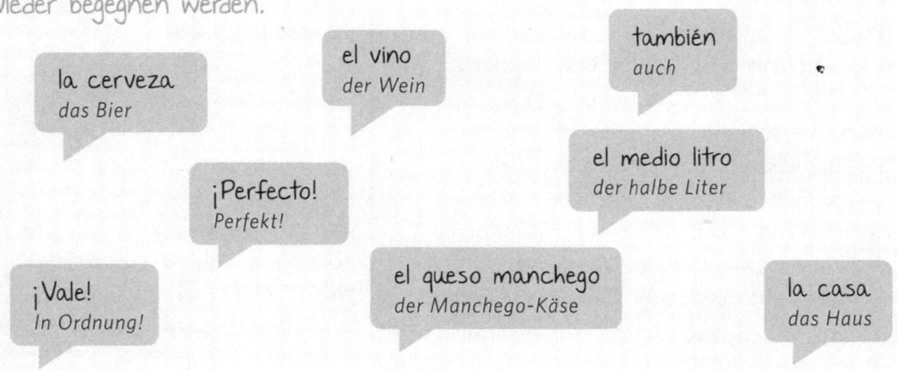

Tapas sind kleine Leckerbissen, die repräsentativ für die regionale Vielfalt der spanischen Küche stehen. **La tapa** [la tápa] heißt eigentlich *der Deckel*. Zur Entstehungsgeschichte der Tapa gibt es verschiedene Versionen. Eine davon besagt, dass man früher eine Scheibe Brot, Käse oder Schinken auf sein Glas legte, um zu verhindern, dass Insekten hineinfallen.

Traditionell wird die Tapa zum Aperitif vor dem Mittag- oder Abendessen gereicht. Man isst sie in der Regel im Stehen an der Bar oder an kleinen Tischen und insbesondere in Andalusien auch kostenlos. Inzwischen ist es aber auch durchaus üblich, dass sich Freunde ganz gezielt zum Tapas essen treffen und sich mehrere Gerichte teilen. Dann werden auch größere Portionen bestellt, die man **la ración** [la raßión] *die Portion* nennt.

Tapas sind so fest mit der spanischen Kultur verhaftet, dass es sogar ein Verb **tapear** [tapeár] *von Bar zu Bar ziehen und Tapas essen* und einen Ausdruck **ir de tapas** [ir de tápas] *Tapas essen gehen* gibt.

Sie haben Ihre spanische Bekanntschaft vom Campingplatz zum Tapas essen eingeladen. Nun sitzen Sie zusammen in einer gemütlichen Tapasbar. Vor Ihnen liegt **la carta de tapas** [la kárta de tápas] *die Tapaskarte*.

¡Tengo hambre! ¿Qué comemos?

[téngo ámbre! ke komémos?]
Ich habe Hunger. Was essen wir?

War das etwa Ihr Magen, der da geknurrt hat? Ja, Sie haben Hunger und das verschweigen Sie auch nicht: **¡Tengo hambre!** [téngo ámbre!] *Ich habe Hunger.* Wenn Sie noch eine Schippe drauflegen wollen, können Sie auch sagen: **¡Tengo mucha hambre!** [téngo mútscha ámbre!] *Ich habe großen Hunger.* Wenn Sie Durst hätten, müssten Sie dementsprechend sagen: **¡Tengo sed!** [téngo sed!] *Ich habe Durst.* oder **¡Tengo mucha sed!** [téngo mútscha sed!] *Ich habe großen Durst.*

Das Wort **el hambre** [el ámbre] *der Hunger* ist eigentlich weiblich. Deshalb heißt es **¡Tengo mucha hambre!** Substantive, die mit einem betonten **a-** oder **ha-** beginnen, haben im Singular den männlichen Artikel **el**, da sie so leichter auszusprechen sind. Der Plural lautet aber **las**. Es gibt aber nur wenige Wörter, die das betrifft. Das wohl wichtigste ist *das Wasser* **el agua – las aguas**.

Sie möchten gerne bestellen und fragen Ihre Begleitung deshalb: **¿Qué comemos?** [ke komémos] *Was essen wir?*
Mit **comer** [komér] *essen* lernen Sie nun die Gruppe der regelmäßigen Verben auf **-er** kennen. Nun kennen Sie alle Gruppen der regelmäßigen Verben: die Verben auf **-ar** (**hablar**), auf **-er** (**comer**) und auf **-ir** (**vivir**).

comer (*essen*)
(yo) como
(tú) comes
(él / ella / usted) come
(nosotros / -as) comemos
(vosotros / -as) coméis
(ellos / -as / ustedes) comen

Jetzt sind Sie dran.

¿Qué comemos? Sagen und fragen Sie, was diese Personen essen oder nicht essen, indem Sie die Satzhälften zu sinnvollen Sätzen verbinden.

1. Sonia ___ **A** coméis al mediodía?
2. Manuel y yo ___ **B** comen un helado.
3. Pablo, ¿qué ___ **C** como carne. ¿Y tú?
4. Sara y su hijo ___ **D** no comemos pescado.
5. Chicos, ¿qué ___ **E** comes por la noche?
6. Yo ___ **F** come un pincho de tortilla.

Lösung
1. F, **2.** D, **3.** E,
4. B, **5.** A, **6.** C

Sie sind gerade dabei, einen Blick in die Karte zu werfen, da macht Ihre spanische Begleitung schon den ersten Vorschlag:

¿Por qué no | pedimos | albóndigas?

[por ke no pedímos albóndigas?]
Warum bestellen wir nicht Hackbällchen?

Wenn Sie eine Frage mit **¿Por qué no...?** [por ke no...?] *Warum nicht ...?* einleiten, weiß Ihr Gegenüber sofort, dass Sie einen Vorschlag machen wollen.

Jetzt sind Sie dran.

¿Por qué no...? Machen Sie Vorschläge, indem Sie aus den durcheinandergeratenen Wörtern Sätze bilden.

1. dos kilos de | naranjas | por qué no | compramos

¿ ?

2. por qué no | un pincho de | comemos | tortilla

¿ ?

3. pedimos | una cerveza | por qué no | de aperitivo

¿ ?

4. por qué no | ibérico | el jamón | cortamos

¿ ?

5. por qué no | la playa | y luego a Madrid | vamos a

¿ ?

Lösung

1. ¿Por qué no compramos dos kilos de naranjas?
2. ¿Por qué no comemos un pincho de tortilla?
3. ¿Por qué no pedimos una cerveza de aperitivo?
4. ¿Por qué no cortamos el jamón ibérico?
5. ¿Por qué no vamos a la playa y luego a Madrid?

Nun wieder zu Ihrer spanischen Begleitung. Sie benutzt das Verb **pedir** [pedír] *bitten, bestellen*. Wenn Sie also für sich und eine andere Person etwas bestellen wollen, benutzen Sie einfach die Struktur: **¿Por qué no pedimos** + *Speise / Getränk*? Was halten Sie von **albóndigas** [albóndigas] *Hackbällchen*? **La albóndiga** [la albóndiga] *das Hackbällchen* ist eine sehr beliebte Tapa und wird meist in

Das Verb **pedir** (*bitten / bestellen*) ändert den Vokal im Verbstamm von **e → i** in der 1., 2. und 3. Person Singular und in der 3. Person Plural.

pedir (*bitten / bestellen*)
(yo) pido
(tú) pides
(él / ella / usted) pide
(nosotros / -as) pedimos
(vosotros / -as) pedís
(ellos / -as / ustedes) piden

einer Tomatensoße serviert: **las albóndigas en tomate** [las albóndigas en tomáte].

Hat Ihre spanische Begleitung denn vergessen, dass Sie gar kein Fleisch essen? Andererseits, so lange kennen Sie sich auch wieder nicht. Sie weisen sie einfach noch einmal darauf hin.

[es ke jo no kómo kárne.]
Ich esse doch kein Fleisch.

Die Struktur **es que** [es ke] wird in der gesprochenen Sprache oft am Satzanfang genutzt und kann eine Ausssage verstärken oder abschwächen. Hier könnte man es mit *ja, doch* oder *nämlich* übersetzen. Außerdem sagen Sie **yo** [jo] *ich*, obwohl Sie ja gelernt haben, dass im Spanischen keine Subjektpronomen verwendet werden. Da Sie aber betonen möchten, dass Sie kein Fleisch essen, benutzen Sie das Pronomen an dieser Stelle. Übrigens sind die Spanier ausgesprochene Fleisch- und Fischliebhaber. Inzwischen gibt es aber fast auf jeder Speisekarte auch vegetarische Gerichte.

Jetzt sind Sie dran.

Es que... Was sagen und fragen Sie im Gespräch, wenn ...

1. ... Sie Hunger haben?	___ **A** ¿Qué comemos?
2. ... keiner etwas trinken möchte, Sie aber schon?	___ **B** ¿Vamos de tapas?
3. ... Sie eine Tapa vorschlagen?	___ **C** Es que yo tengo sed.
4. ... alle Hunger haben, Sie aber nicht?	___ **D** ¡Tengo hambre!
5. ... Sie Tapas essen gehen möchten?	___ **E** Es que yo no tengo hambre.
6. ... Sie sich erkundigen, auf was Ihre Begleitung Hunger hat?	___ **F** ¿Por qué no pedimos albóndigas?

Lösung
1. D, **2.** C, **3.** F, **4.** E, **5.** B, **6.** A

¡Ah, es cierto! ¿Pero pescado y marisco comes?

[a, es ßiérto! péro peskádo i marísko kómes?]
Ah, stimmt ja! Aber Fisch und Meeresfrüchte isst du doch?

Jetzt, wo Sie es sagen, erinnert sich Ihre Begleitung wieder daran: **¡Ah, es cierto!** [a, es ßiérto!] *Ah, stimmt ja!* Sie hakt aber gleich weiter nach: **¿Pero pescado y marisco comes?** [péro peskádo i marísko kómes?] *Aber Fisch und Meeresfrüchte isst du doch?*

[peskádo i marísko, si. a mi me gústa mútscho el peskaíto fríto.]
Fisch und Meeresfrüchte, schon. Ich mag frittierten Fisch sehr.

Pescado y marisco [peskádo i marísko] *Fisch und Meeresfrüchte* essen Sie aber schon. Wenn Sie auch Liebhaber von maritimen Köstlichkeiten sind, sollten Sie das besonders in den Küstenregionen des Landes ausnutzen, wo sie meist fangfrisch sind.

Wenn Sie ausdrücken möchten, dass Sie etwas mögen oder nicht mögen, brauchen Sie das Verb **gustar** [gustár] *mögen / gefallen / gerne tun*. Es wird fast ausschließlich in der 3. Person Singular **gusta** [gústa] und in der 3. Person Plural **gustan** [gústan] gebraucht. **Gustar** [gustár] wird mit einem indirekten Objektpronomen gebraucht, das *vor* **gusta** [gústa] bzw. **gustan** [gústan] steht:
Die Form im Singular **gusta** wird verwendet, wenn danach auch ein Substantiv im Singular folgt:
¿Te gusta el pescaíto frito? [te gústa el peskaíto fríto?]
Magst du frittierten Fisch?
Folgt ein Substantiv im Plural, muss man **gustan** nehmen:
Me gustan las naranjas. [me gústan las naranchás.]
Ich mag Orangen.

indirekte Objektpronomen

me	*mich*
te	*dich*
le	*ihm / ihr / Ihnen*
nos	*uns*
os	*euch*
les	*sie / Ihnen*

Wenn Sie Ihre Anwort verneinen möchten, fügen Sie einfach vor das indirekte Objektpronomen ein **no** [no] ein: **No, no me gusta el pescaíto frito.** [no, no me gústa el peskaíto fríto.] *Nein, ich mag frittierten Fisch nicht.*

Jetzt sind Sie dran.

¿Gusta o gustan? Kreuzen Sie die passenden Satzenden an.

1. No me gusta...
- ☐ **A** los centros comerciales.
- ☐ **B** el pescaíto frito.
- ☐ **C** las ensaimadas.

2. A Marcela le gustan...
- ☐ **A** el café con leche.
- ☐ **B** el marisco.
- ☐ **C** las tapas.

3. A mí me gusta...
- ☐ **A** los tomates. A él no.
- ☐ **B** las albóndigas. A ella no.
- ☐ **C** el jamón. A mi novia no.

4. A mi hijo no le gustan...
- ☐ **A** los churros.
- ☐ **B** el helado.
- ☐ **C** la carne.

Lösung
1. B, **2.** C, **3.** C, **4.** A

Möchten Sie eine Vorliebe im Vergleich zu einer anderen Person ganz besonders unterstreichen, setzt man noch ein **a** + *Personalpronomen* oder **a** + *Name* vor das indirekte Objektpronomen **a mí** [a mi], **a ti** [a ti], **a él** [a el], **a Pedro** [a pédro] ..., z.B.:
A mí (no) me gusta el pescaíto fríto. [a mi (no) me gústa el peskaíto fríto.]
Ich mag frittierten Fisch (nicht).

Jetzt sind Sie dran.

¿Qué les gusta? Sagen und fragen Sie, was diese Personen mögen, indem Sie die Satzhälften zu sinnvollen Sätzen verbinden.

1. A mí no
2. Paula, ¿a ti
3. A mi marido no
4. A mi novia y a mí
5. Chicas, ¿a vosotras

___ **A** le gusta el jamón.
___ **B** nos gustan los museos de Madrid.
___ **C** me gustan las albóndigas. ¿Y a ti?
___ **D** os gustan las tapas?
___ **E** te gusta el helado de horchata?

Lösung
1. C, **2.** E, **3.** A, **4.** B, **5.** D

Gleichzeitig können Sie noch sagen, wie sehr Sie etwas mögen oder eben nicht. Das machen Sie mit **(no) gustar mucho** [(no) gustár mútscho] *(nicht so) sehr mögen*: **A mí (no) me gustan mucho las albóndigas.** [A mi (no) me gústa mútscho las albóndigas.] *Ich mag Hackbällchen (nicht so) sehr.*

Mucho *sehr* ist hier unveränderlich, weil es ein Adverb ist und sich auf das Verb bezieht und nicht auf ein Substantiv. Im Gegenteil zu **¡Tengo mucha hambre!** *Ich habe großen Hunger!*, wo es ein Adjektiv ist und sich auf **el hambre** bezieht.

Wählen können Sie also zwischen folgenden Graduierungsmöglichkeiten:

Me gusta / n... [me gústa / n...]	*Ich mag ...*
Me gusta / n mucho... [me gústa / n mútscho...]	*Ich mag ... sehr.*
No me gusta / n... [no me gústa / n...]	*Ich mag ... nicht.*
No me gusta / n mucho... [no me gústa / n mútscho...]	*Ich mag ... nicht so sehr.*
No me gusta / n nada... [no me gústa / n náda...]	*Ich mag ... überhaupt nicht.*

Neben **(el) pescaíto frito** [el peskaíto fríto] *frittierter Fisch* gibt es aber noch weitere leckere Tapas, die Sie sich schmecken lassen können:

(las) aceitunas [(las) aßeitúnas]	*Oliven*
(las) albóndigas en tomate [(las) albóndigas en tomáte]	*Hackbällchen in Tomatensoße*
(los) calamares a la romana [(los) kalamáres a la romána]	*frittierte Tintenfischringe*
(las) croquetas de Cabrales [(las) krokétas de kabráles]	*Kroketten aus Cabrales-Käse*
(las) gambas al ajillo [(las) gámbas al achíjo]	*Garnelen in Knoblauch*
(las) patatas bravas [(las) patátas bráwas]	*Kartoffelstücke in scharfer Soße*
(los) pimientos de Padrón [(los) pimiéntos de padrón]	*gebratene Pfefferschoten mit grobem Meersalz*
(el) pulpo a la gallega [(el) púlpo a la gajéga]	*Oktopus mit Kartoffelscheiben, grobem Salz und Paprikapulver*
(la) tortilla de patata [(la) tortíja de patáta]	*Kartoffelomelett*

Jetzt sind Sie dran.

¿A ti te gusta / n...? Bilden Sie aus den durcheinandergeratenen Wörtern Sätze.

1. **mucho** **los pimientos de Padrón** **me gustan** **a mí**

____________________.

2. **te gustan** **las croquetas de Cabrales** **a ti** **no**

¿____________________?

3. **nada** **no le gusta** **el pulpo a la gallega** **a Julián**

____________________.

4. **nos gustan** **las gambas al ajillo** **mucho** **a mi novio y a mí**

____________________.

5. **a vosotros** **las patatas bravas** **os gustan**

Chicos, ¿____________________?

Lösung

1. A mí me gustan mucho los pimientos de Padrón.
2. ¿A ti no te gustan las croquetas de Cabrales?
3. A Julián no le gusta nada el pulpo a la gallega.
4. A mi novio y a mí nos gustan mucho las gambas al ajillo.
5. Chicos, ¿a vosotros os gustan las patatas bravas?

Ob Ihre spanische Begleitung auch frittierten Fisch mag? Ihre Antwort kommt prompt:

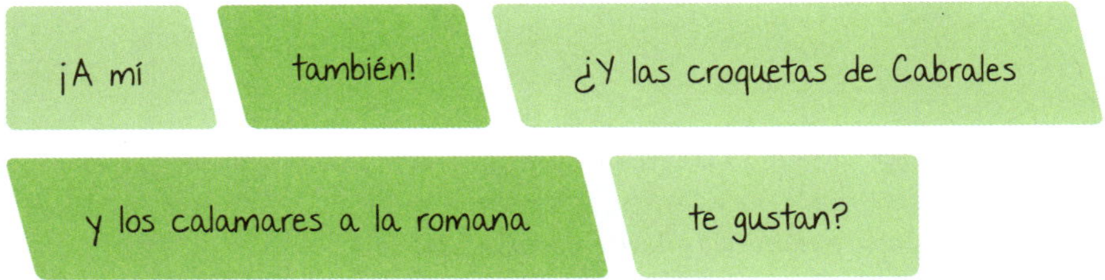

[a mi también! i las krokétas de kabráles i los kalamáres a la romána te gústan?]
Ich auch. Und magst du Kroketten aus Cabrales-Käse und frittierte Tintenfischringe?

Die Antwort Ihrer Begleitung lautet **¡A mí también!** [a mi también!] *Ich auch!* Glück gehabt, sonst wäre der frittierte Fisch wohl ins Wasser gefallen. Hier sehen Sie eine kleine Übersicht, wie man sich mit Zustimmung oder Ablehnung zu einer Aussage äußern kann:

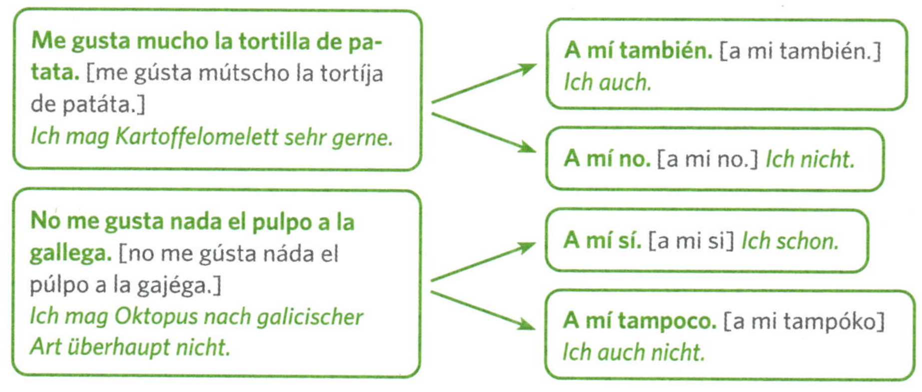

Jetzt sind Sie dran.

A mí también. Kreuzen Sie die passenden Antworten und Satzenden an.

1. Me gustan mucho las patatas bravas.
- ☐ **A** A mí tampoco.
- ☐ **B** A mí sí.
- ☐ **C** A mí también.

2. A Diego no le gustan nada las aceitunas.
- ☐ **A** A mí no.
- ☐ **B** A mí también.
- ☐ **C** A mí tampoco.

3. A mis padres les gusta...
- ☐ **A** mucho la tortilla de patata.
- ☐ **B** las gambas al ajillo.
- ☐ **C** nada las albóndigas.

4. A mi mujer no le gustan...
- ☐ **A** mucho el jamón serrano.
- ☐ **B** nada el queso Cabrales.
- ☐ **C** los pimientos de Padrón.

Lösung
1. C, **2.** C, **3.** A, **4.** C

Ihre Begleitung fragt Sie nun: **¿Y las croquetas de Cabrales y los calamares a la romana te gustan?** [i las krokétas de kabráles i los kalamáres a la romána te gústan?] *Und magst du Kroketten aus Cabrales-Käse und frittierte Tintenfischringe?*

Übrigens sind Kroketten in ganz Spanien sehr beliebt. Anders als hierzulande bestehen sie meistens nicht aus einer Kartoffelfüllung, sondern werden auf Basis einer dickflüssigen Béchamelsoße hergestellt. Dazu kommen je nach Region unterschiedliche

Zutaten hinzu. Zu den bekanntesten zählen **las croquetas de jamón** [las krokétas de chamón] *die Schinkenkroketten*, **las croquetas de bacalao** [las krokétas de bakaláo] *die Kabeljaukroketten* und **las croquetas de boletus** [las krokétas de bolétus] *die Steinpilzkroketten.*

[si, me gústan mútscho. Entónßes pedímos peskaíto fríto, kalamáres a la romána i krokétas de kabráles.]
Ja, ich mag sie sehr. Also bestellen wir frittierten Fisch, frittierte Tintenfischringe und Kroketten aus Cabrales-Käse.

Sie mögen beides sehr gerne, sowohl **croquetas de Cabrales** [krokétas de kabráles] *Kroketten aus Cabrales-Käse* als auch **calamares a la romana** [kalamáres a la romána] *frittierte Tintenfischringe.*

Jetzt sind Sie dran.

¿Cómos se llaman las tapas? Wie heißen diese Tapas? Verbinden Sie die Wörter.

1. las croquetas ___ **A** en tomate
2. las patatas ___ **B** de Padrón
3. los pimientos ___ **C** al ajillo
4. las albóndigas ___ **D** de Cabrales
5. las gambas ___ **E** bravas

Lösung
1. D, **2.** E, **3.** B, **4.** A, **5.** C

Nachdem Sie Ihre Auswahl nochmals zusammengefasst haben, fehlen nun nur noch die Getränke.

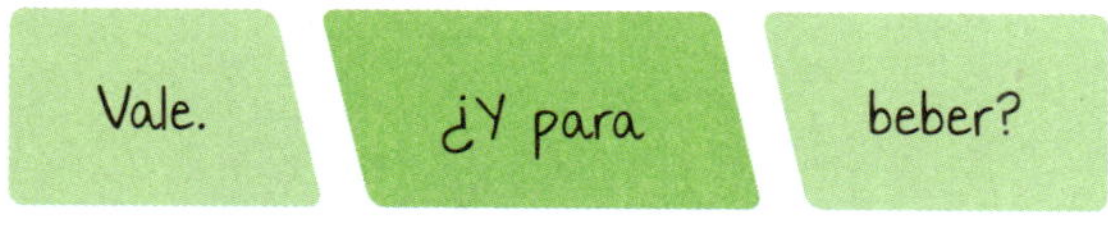

[wále. i pára bebér?]
In Ordnung. Und zu trinken?

Die Frage Ihrer Begleitung **¿(Y) para beber?** [(i) pára bebér?] *(Und) zu trinken?* ist sehr geläufig. Auch der Kellner stellt sie in der Regel.

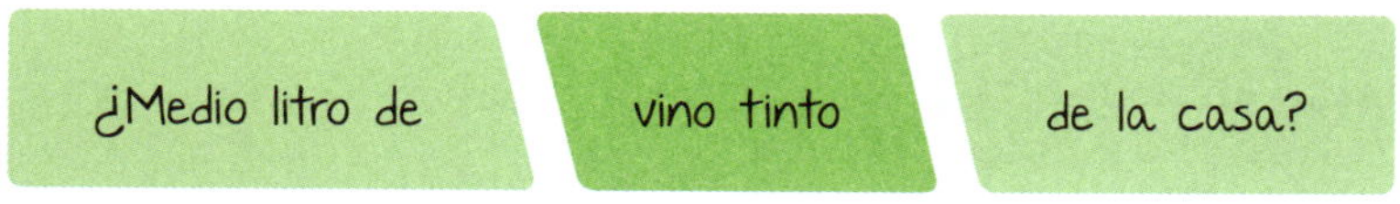

[médio lítro de wíno tínto de la kása?]
Einen halben Liter roten Hauswein?

Einige alkoholische Getränke auf Spanisch haben Sie ja bereits in Lektion 4 gelernt. Jetzt wird es etwas spezifischer. Sie fragen Ihre Begleitung, ob sie mit **¿Medio litro de vino tinto de la casa?** [médio lítro de wíno tínto de la kása?] *Einen halben Liter roten Hauswein?* einverstanden ist. Fast jede Bar und jedes Restaurant führt üblicherweise einen Hauswein, **el vino de la casa** [el wíno de la kása] *der Hauswein*. Er schmeckt in der Regel gut und ist preisgünstiger.

Die Struktur **medio litro de...** [médio lítro de...] *einen halben Liter ...* funktioniert übrigens genauso wie **medio kilo de...** [médio kílo de...] *ein halbes Kilo ...* ohne unbestimmten Artikel. Sollte Ihnen **medio litro de vino** zu viel sein, können Sie auch einfach nur **una copa de vino** [úna kópa de wíno] *ein Glas Wein* bestellen. Das Wort **la copa** [la cópa] bezeichntet ein Stielglas, ein einfaches Glas heißt **el vaso** [el wáso]. Aber egal, welches Glas Sie bekommen, die folgenden Getränke können Sie daraus trinken:

el vino tinto [el wíno tínto]	*der Rotwein*
el vino blanco [el wíno blánko]	*der Weißwein*
el tinto de verano [el tínto de weráno]	*Mischgetränk aus Rotwein und Zitronenlimonade*

Spanier trinken sehr gerne Bier, sogar lieber als Wein. Die Bezeichnungen für das Bier und die Größen variieren je nach Region. Wer in Madrid **una caña** [úna kánja] bestellt, bekommt etwa 200 ml, in anderen Regionen ist es fast das Doppelte.

la cerveza [ßerwéßa] *das Bier*
la caña [la kánja] *kleines Glas Bier vom Faß*
la clara [la klára] *das Radler*

Perfecto, | y una botella de | agua mineral. | ¡Ya está!

[perfékto, i úna botéja de água minerál. ja está!]
Perfekt, und eine Flasche Mineralwasser. Das wär's!

Ihre Begleitung ist mit Ihrem Vorschlag einverstanden und fügt noch **una botella de agua mineral** [úna botéja de água minerál] *eine Flasche Mineralwasser* hinzu. Wenn Sie einfach nur **agua mineral** [água minerál] sagen, bekommen Sie es in der Regel **sin gas** [sin gas] *ohne Kohlensäure*. Wollen Sie Mineralwasser mit Kohlensäure, müssen Sie es **con gas** [kon gas] *mit Kohlensäure* bestellen.

So, mit **¡Ya está!** [ja está!] *Das wär's!* schließen Sie Ihre gemeinsame Tapasbestellung ab. **¡Camarero!** [kamaréro!] *Kellner!*

Jetzt sind Sie dran.

Hier noch einmal alle Wörter der Lektion im Überblick. Ein kleiner Lerntipp: Stellen Sie Ihre individuelle Tapaskarte mit Ihren Lieblingstapas zusammen. Sie können dafür die Tapas dieser Lektion benutzen oder im Internet unter dem Stichwort **carta de tapas** noch viele weitere finden. Hängen Sie Ihre ganz persönliche Tapasauswahl in der Küche auf und schauen Sie immer wieder darauf, auch wenn es nur im Vorbeigehen ist. Und dann: **¡Buen provecho!** [buén prowétscho] *Guten Appetit!*

TR. 54

el bar de tapas [el bar de tápas] *die Tapasbar*
la carta de tapas [la kárta de tápas] *die Tapaskarte*
la tapa [la tápa] *die Tapa*
la ración [la raßión] *die Portion*

el pincho [el píntscho] — *aufwendigere Variante der Tapa aus dem Baskenland*
tapear [tapeár] — *von Bar zu Bar ziehen und Tapas essen*
ir de tapas [ir de tápas] — *Tapas essen gehen*

TR. 55

comer [komér] — *essen*
beber [bebér] — *trinken*
tener hambre [tenér ámbre] — *Hunger haben*
¡Tengo mucha hambre! [téngo mútscha ámbre!] — *Ich habe großen Hunger!*
mucho / mucha [mútscho / mútscha] — *sehr, viel*
tener sed [tenér sed] — *Durst haben*
¡Tengo mucha sed! [téngo mútscha sed!] — *Ich habe großen Durst!*
gustar [gustár] — *mögen / gefallen / etwas gerne tun*
no… nada [no… náda] — *überhaupt nicht*
pedir [pedír] — *bitten / bestellen*

TR. 56

el camarero [el kamaréro] / **la camarera** [la kamaréra] — *der Kellner / die Kellnerin*
es que [es ke] — *nämlich, ja, doch*
¡Buen provecho! [buén prowétscho] — *Guten Appetit!*
¡Es cierto! [es ßiérto!] — *Stimmt ja!*
¡Perfecto! [perfékto!] — *Perfekt!*
¿Por qué no…? [por ke no…?] — *Warum … nicht?*
¡Ya está! [ja está!] — *Das wär's!*

TR. 57

me [me] — *mir*
te [te] — *dir*
le [le] — *ihm / ihr / Ihnen*
nos [nos] — *uns*
os [os] — *euch*
les [les] — *ihnen / Ihnen*
tampoco [tampóko] — *auch nicht*

TR. 58

la aceituna [las aßeitúna]	*die Olive*
la albóndiga [la albóndiga]	*das Hackbällchen*
las albóndigas en tomate [las albóndigas en tomáte]	*die Hackbällchen in Tomatensoße*
(los) calamares a la romana [(los) kalamáres a la romána]	*die frittierten Tintenfischringe*
las croquetas de... [las krokétas de...	*die Kroketten aus ...*
... (el) bacalao [(el) bakaláo]	*... (der) Kabeljau*
... (el) Cabrales [(el) kabráles]	*... (der) Cabrales-Käse*
... (el) boletus [(el) bolétus]	*... (der) Steinpilz*
las gambas al ajillo [las gámbas al achíjo]	*die Garnelen in Knoblauch*
el marisco [el marísko]	*die Meeresfrucht*
las patatas bravas [las patátas bráwas]	*die Kartoffelstücke in scharfer Soße*
el pescaíto frito [el peskaíto fríto]	*der frittierte Fisch*
los pimientos de Padrón [los pimiéntos de padrón]	*die gebratenen Pfefferschoten mit grobem Meersalz*
el pulpo a la gallega [el púlpo a la gajéga]	*der Oktopus mit Kartoffelscheiben, grobem Salz und Paprikapulver*

TR. 59

medio litro de... [médio lítro de...]	*einen halben Liter ...*
la botella [la botéja]	*die Flasche*
la copa [la kópa]	*das (Stiel)glas*
el vaso [el wáso]	*das Glas*
el agua mineral [el água minerál]	*das Mineralwasser*
con gas [kon gas]	*mit Kohlensäure*
sin gas [sin gas]	*ohne Kohlensäure*
la caña [la kánja]	*kleines Glas Bier vom Faß*
la clara [la klára]	*das Radler*
el vino de la casa [el wíno de la kása]	*der Hauswein*
el vino tinto [el wíno tínto]	*der Rotwein*
el vino blanco [el wíno blánko]	*der Weißwein*
el tinto de verano [el tínto de weráno]	*Mischgetränk aus Rotwein und Zitronenlimonade*

Sie können nun Ihre Vorlieben ausdrücken, Vorschläge machen, sie annehmen und auch ablehnen. Es folgt noch einmal der ganze Dialog in der Tapasbar.

TR. 60

- ¡Tengo hambre! ¿Qué comemos?
- ¿Por qué no pedimos albóndigas?
- Es que yo no como carne.
- ¡Ah, es cierto! ¿Pero pescado y marisco comes?
- Pescado y marisco, sí. A mí me gusta mucho el pescaíto frito.
- ¡A mí también! ¿Y las croquetas de Cabrales y los calamares a la romana te gustan?
- Sí, me gustan mucho. Entonces pedimos pescaíto frito, calamares a la romana y croquetas de Cabrales.
- Vale. ¿Y para beber?
- ¿Medio litro de vino tinto de la casa?
- Perfecto, y una botella de agua mineral. ¡Ya está!

Bilden Sie aus den Bausteinen Sätze, die Ihnen beim Besuch einer Tapasbar helfen.

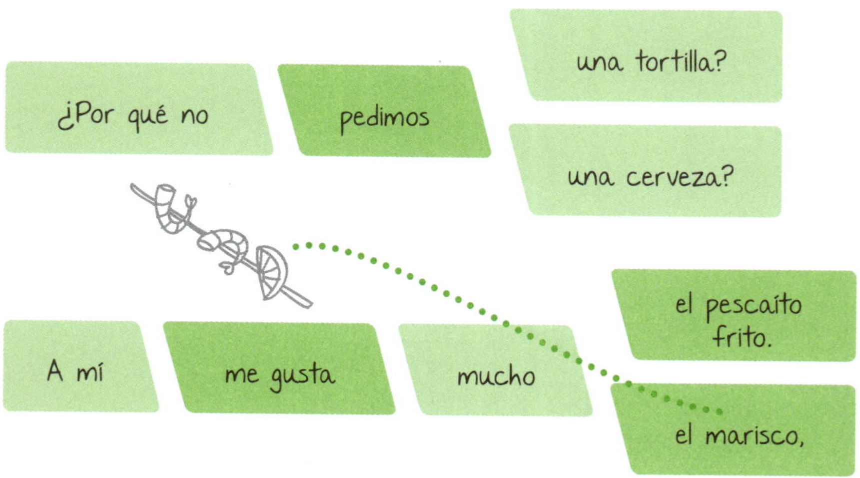

9 EN LA FARMACIA

IN DER APOTHEKE

Zum Einstieg in eine neue Alltagssituation wiederholen Sie wie gewohnt die Wörter und Ausdrücke, die Sie bereits kennen. Machen Sie es kurz und schmerzlos. Auf ein Neues!

la farmacia
die Apotheke

Aquí tiene...
Hier haben Sie ...

mi marido
mein Mann

¿Algo más?
Noch etwas?

¿Eso es todo?
Ist das alles?

la naranja
die Orange

mucho
sehr, viel

el tema
das Thema

un poco
ein bisschen

Diese Lektion wird Sie für kleinere Beschwerden, Verletzungen und Unpässlichkeiten rüsten. Sie lernen die Körperteile kennen, über Ihre Beschwerden zu sprechen und die wichtigsten Arzneimittel auf Spanisch zu benennen.

An ihrem grün leuchtenden Kreuz erkennt man sie schon von Weitem, die spanischen Apotheken. Nähert man sich dann, wird der Schriftzug **farmacia** [farmáßia] *Apotheke* lesbar. In kleineren Städten schließen die Apotheken mittags und in größeren sind sie durchgehend bis zum Abend geöffnet. Nun stehen Sie in einer gut besuchten Apotheke und warten darauf, an die Reihe zu kommen.

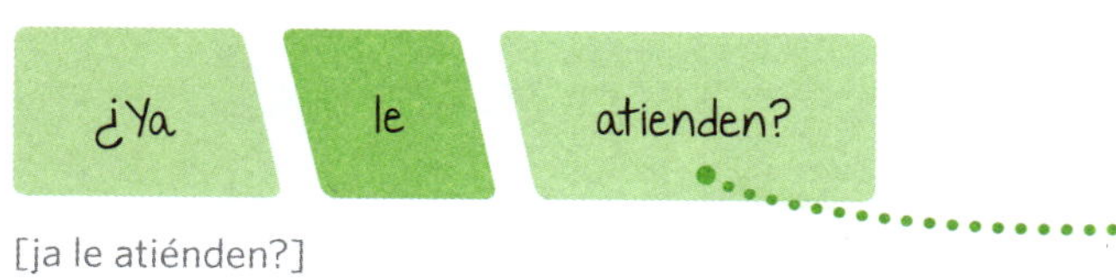

[ja le atiénden?]
Werden Sie schon bedient?

Das Verb **atender** (*bedienen*) gehört zur Gruppe der Verben mit Vokalwechsel von **e → ie** in der 1., 2. und 3. Person Singular und in der 3. Person Plural.

Der Apotheker richtet sich mit einer Frage an Sie, die Sie in Spanien oft hören werden, bevor man Sie bedient: **¿Ya le atienden?** [ja le atiénden?] *Werden Sie schon bedient?* Dementsprechend geduzt hieße es: **¿Ya te atienden?** [ja te atiénden?] *Wirst du schon bedient?*

Sie sind nun also an der Reihe:

[todawía no. míre, téngo úna ampója rewentáda en el pje.]
Noch nicht. Schauen Sie, ich habe eine geplatzte Blase am Fuß.

Auf die Frage des Apothekers antworten Sie **Todavía no.** [todawía no.] *Noch nicht.*

Nun müssen Sie dem Apotheker erklären, was mit Ihnen los ist, damit er Ihnen weiterhelfen kann. Die Aufforderung **Mire,...** [míre] *Schauen Sie ...* ist hier nicht allzu wörtlich zu nehmen. Der Apotheker soll nicht wirklich hinsehen, sondern Sie möchten einfach nur seine ungeteilte Aufmerksamkeit. Die haben Sie jetzt, also erklären Sie Ihr Problem.

Es gibt aber auch Situationen, in denen die Aufforderung **Mire,...** *Schauen Sie, ...* oder **Mira,...** *Schau, ...* durchaus als Aufforderung zum Hinsehen gemeint ist.

Sie haben also **una ampolla reventada en el pie** [úna ampója rewentáda en el pje] *eine geplatzte Blase am Fuß.* Aua! Das tut weh! Der Spanier sagt übrigens **¡Ay!** [aj!] *Aua!* Bei kleineren Verletzungen wie dieser ist ein Besuch beim Apotheker fürs Erste völlig ausreichend. Hier einige weitere kleine Hautverletzungen:

el corte [el kórte]	*die Schnittwunde*
la picadura de mosquito [la pikadúra de moskíto]	*der Mückenstich*
la quemadura de sol [la kemadúra de sol]	*der Sonnenbrand*
la rozadura [la roßadúra]	*die Schürfwunde*

Leichte Verletzungen, die sogenannten Bagatellwunden, bei denen jeder Apotheker Ihnen mit Rat und Tat zur Seite stehen kann, können an verschiedenen Stellen des Körpers auftreten, nicht nur **en el pie** [en el pje] *am Fuß.* Deshalb folgen **las partes del cuerpo** [las pártes del kuérpo] *die Körperteile*:

la barriga [la barríga]	*der Bauch*
el brazo [el bráßo]	*der Arm*
la cabeza [la kabéßa]	*der Kopf*
la cara [la kára]	*das Gesicht*
la espalda [la espálda]	*der Rücken*
la garganta [la gargánta]	*der Hals*
la mano [la máno]	*die Hand*
la oreja [la orécha]	*das Ohr*
el pie [el pje]	*der Fuß*
la pierna [la piérna]	*das Bein*

Achtung: **La mano** gehört zu den wenigen Wörtern, die weiblich sind und auf **-o** enden, genauso wie **la foto** [la fóto] *das Foto* oder **la radio** [la rádio] *das Radio.*

Noch eine wichtige Info: Wenn man Ohrenschmerzen hat, tut auf Spanisch nicht **la oreja** [la orécha] *das Ohr* weh, das sichtbar ist, sondern **el oído** [el oído] *das innere Ohr*: **Me duele el oído.** [me duéle el oído.] *Ich habe Ohrenschmerzen.*

Jetzt sind Sie dran.

¿Qué tiene / n? Sagen Sie, welche Verletzungen die Personen haben und welche Körperteile davon betroffen sind, indem Sie aus den durcheinandergeratenen Wörtern Sätze bilden.

1. tiene una quemadura de sol mi marido en la espalda

2. mis padres picaduras de mosquito en los brazos y las piernas tienen

3. un corte en la mano tengo

4. mi nieto una rozadura tiene en la cara

Lösung

1. Mi marido tiene una quemadura de sol en la espalda.
2. Mis padres tienen picaduras de mosquito en los brazos y las piernas.
3. Tengo un corte en la mano.
4. Mi nieto tiene una rozadura en la cara.

Weitere Beschwerden, die man meistens auch mit einem Besuch beim Apotheker in den Griff bekommt, sind:

la alergia al polen [la alérchia al pólen] *die Pollenallergie*
el catarro [el katárro] *die Erkältung*
la diarrea [la diarréa] *der Durchfall*
el estreñimiento [el estrenjimiénto] *die Verstopfung*
la fiebre [la fiébre] *das Fieber*
la insolación [insolaßión] *der Sonnenstich*
la tos [la tos] *der Husten*

Diese Art von Beschwerden drückt man manchmal mit und manchmal ohne Artikel aus, manchmal geht sogar beides: **Tengo (un) catarro.** [téngo un katárro.] *Ich habe eine Erkältung.*

Und noch einen Satz zur Aussprache von **g** in **alergia** [alérchia]. Das **g** wird vor **-e** und **-i** wie das deutsche *ch* in *Dach* ausgesprochen: **genial** [cheniál] / **alergia** [alérchia]. Sie erinnern sich: Das spanische **j** in **naranja** [narâncha] wird genauso ausgesprochen.

Jetzt sind Sie dran.

Catarro, tos y fiebre. Verbinden Sie die spanischen Sätze mit ihrer deutschen Entsprechung.

1. Mi hijo tiene fiebre.	___	**A** Meine Eltern haben Husten.
2. Tengo alergia al polen.	___	**B** Mein Mann hat Verstopfung.
3. Tenemos diarrea.	___	**C** Mein Sohn hat Fieber.
4. Mi marido tiene estreñimiento.	___	**D** Wir haben Durchfall.
5. Mi mujer tiene una insolación.	___	**E** Ich habe eine Pollenallergie.
6. Mis padres tienen tos.	___	**F** Meine Frau hat einen Sonnenstich.

Lösung
1. C, **2.** E, **3.** D, **4.** B, **5.** F, **6.** A

Die aufgeplatzte Blase bereitet Ihnen wirklich Schmerzen:

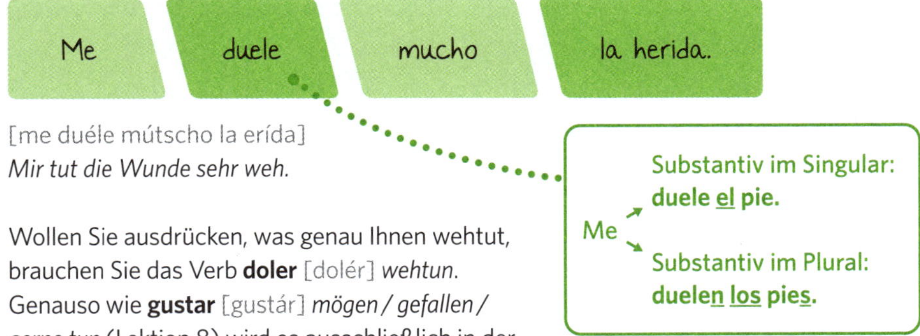

[me duéle mútscho la erída]
Mir tut die Wunde sehr weh.

Wollen Sie ausdrücken, was genau Ihnen wehtut, brauchen Sie das Verb **doler** [dolér] *wehtun*. Genauso wie **gustar** [gustár] *mögen / gefallen / gerne tun* (Lektion 8) wird es ausschließlich in der 3. Person Singular und Plural **duele** [duéle] und **duelen** [duélen] gebraucht und steht mit indirekten Objektpronomen (**me**, **te**, **le**, **nos**, **os**, **les**).

Jetzt sind Sie dran.

¿Qué les duele? Kreuzen Sie die passenden Satzenden an.

1. Me duelen...
☐ **A** la garganta.
☐ **B** la espalda.
☐ **C** los pies.

2. A mi novio le duele...
☐ **A** la barriga.
☐ **B** las piernas.
☐ **C** las manos.

3. A mí y a Lola nos duele...
☐ **A** la cabeza.
☐ **B** las orejas.
☐ **C** las manos.

4. A Soledad y Rosario les duelen...
☐ **A** el oído.
☐ **B** las piernas.
☐ **C** la cara.

Lösung
1. C, **2.** A, **3.** A, **4.** B

Den Schmerz graduieren können Sie mit **mucho** [mútscho] *sehr*, **bastante** [bastánte] *ziemlich* oder **un poco** [un póko] *ein bisschen*. Wenn Sie genau sagen wollen, wo es wehtut und wie sehr, benutzen Sie die Struktur: **Me duele / n** + *Grad des Schmerzes* + *Verletzung oder schmerzende / r Körperteil / e*. In Lektion 8 haben Sie außerdem gelernt, wie Sie eine Verneinung durch **nada** verstärken können. Die normale Verneinung wäre: **No me duele la pierna.** *Das Bein tut mir nicht weh.* und verstärkt: **No me duele nada la pierna.** *Das Bein tut mir überhaupt nicht weh.*

Jetzt sind Sie dran.

Mucho, un poco, nada ... Was sagen Sie im Gespräch, wenn ...

1. ... Sie Bauchschmerzen haben.
2. ... Ihr Rücken sehr weh tut.
3. ... Sie leichte Kopfschmerzen haben?
4. ... Ihnen die Beine ziemlich wehtun?
5. ... Ihnen die Füße überhaupt nicht wehtun?

___ **A** Me duelen bastante las piernas.
___ **B** Me duele un poco la cabeza.
___ **C** No me duelen nada los pies.
___ **D** Me duele mucho la espalda.
___ **E** Me duele la barriga.

Lösung
1. E, **2.** D, **3.** B, **4.** A, **5.** C

Nun ist der Apotheker an der Reihe, auf Sie einzugehen:

Ya veo. | Casi | no puede | caminar.

[ja wéo. kási no puéde kaminár.]
Ich sehe schon. Sie können ja fast nicht laufen.

Ya veo. [ja wéo] *Ich sehe schon!* kann in anderen Situation durchaus im übertragenen Sinne *Ich verstehe.* bedeuten. Hier allerdings nimmt der Apotheker mit eigenen Augen die Konsequenzen der Wunde wahr: **Casi no puede caminar.** [kási no puéde kaminár.] *Sie können ja fast nicht laufen.*
Poder [podér] *können + Infinitiv* können Sie genauso wie im Deutschen verwenden. Sie erinnern sich an die Frage **¿Puede hablar más despacio?** [puéde ablár mas despáßio?] *Können Sie langsamer sprechen?* (Lektion 5)?

Das Verb **poder** (*können / dürfen*) gehört zur Gruppe der Verben mit Vokalwechsel von **o → ue** in der 1., 2. und 3. Person Singular und in der 3. Person Plural.
poder (*können, dürfen*) (o → ue)
(yo) **pue**do
(tú) **pue**des
(él / ella / usted) **pue**de
(nosotros / -as) podemos
(vosotros / -as) podéis
(ellos / -as / ustedes) **pue**den

Jetzt sind Sie dran.

Podemos. Verbinden Sie die Satzhälften zu sinnvollen Sätzen.

1. A Alfonso le duelen los pies,	___	**A** puedo comprar la bebida. ¿Qué compras tú?
2. Perdona,	___	**B** no puede caminar.
3. Felipe y yo	___	**C** ¿podéis cortar el pan? Ya comemos.
4. Yo	___	**D** no podemos hablar. Nos duele la garganta.
5. Hijos,	___	**E** no pueden ir al mercado.
6. Hoy, mis padres	___	**F** ¿puedes hablar más despacio?

Lösung
1. B, **2.** F, **3.** D, **4.** A, **5.** C, **6.** E

Der Apotheker ist kurz verschwunden und kommt nun mit zwei Packungen zurück, die er vor Ihnen auf den Tresen legt:

[akí tiéne un desinfektánte de erídas i una kácha de tirítas espeßiáles.]
Hier haben Sie ein Wunddesinfektionsmittel und eine Packung Spezialpflaster.

Vor Ihnen liegt **un desinfectante de heridas** [un desinfektánte de erídas] *ein Wunddesinfektionsmittel* und **una caja de tiritas especiales** [úna kácha de tirítas espeßiáles] *eine Packung Spezialpflaster*. Damit Sie für kleinere medizinische Notfälle gewappnet sind, folgt nun eine Auswahl wichtiger Arzneimittel:

el analgésico [el analchésiko]	*die Schmerztablette*
el antihistamínico [el antiistamíniko] / **el antialérgico** [el antialérchiko]	*das Antihistaminikum / das Antiallergikum*
el laxante [el laksánte]	*das Abführmittel*
el antidiarreico [el antidiarréiko]	*das Mittel gegen Durchfall*
el spray antimosquitos [el sprai antimoskítos]	*das Antimückenspray*
la tirita [la tiríta]	*das Pflaster*

Ihre Wunde am Fuß können Sie nun versorgen. Daher fragt Sie der Apotheker noch:

[neßesíta álgo mas?]
Brauchen Sie noch etwas?

Sie kennen bereits vom Markt die Frage nach einem weiteren Wunsch mit: **¿Algo más?** *Noch etwas?* Hier steht noch das regelmäßige Verb **necesitar** *brauchen* davor.
In der Tat brauchen Sie noch etwas:

Sí. | Mi marido | no | se siente | bien.

[si. mi marído no se siénte bién.]
Ja. Mein Mann fühlt sich nicht gut.

Ihr Mann hat auch gesundheitliche Probleme, er fühlt sich nicht gut. **Sentirse** [sentírse] *sich fühlen* ist genauso wie **llamarse** [jamárse] *heißen* (Lektion 2) ein reflexives Verb und braucht daher ein reflexives Pronomen: **me siento** *ich fühle mich*, **te sientes** *du fühlst dich* etc.. Danach steht oft noch:
(muy / bastante) bien [(mui / bastánte) bién] *(sehr / ziemlich) gut*
oder **(muy / bastante) mal** [(mui / bastánte) mal] *(sehr / ziemlich) schlecht*.
Wenn Sie ein reflexives Verb verneinen wollen, steht das **no** vor dem Reflexivpronomen.

Das Verb **sentirse** (*sich fühlen*) ist ein reflexives Verb mit Vokalwechsel von **e → ie** in der 1., 2. und 3. Person Singular und in der 3. Person Plural.
sentirse (*sich fühlen*)
(yo) me siento
(tú) te sientes
(él / ella / usted) se siente
(nosotros / -as) nos sentimos
(vosotros / -as) os sentís
(ellos / -as / ustedes) se sienten

Achtung: Wenn **sentir** nicht reflexiv gebraucht wird, bedeutet es *fühlen* oder *bedauern*, wie in **lo siento** *es tut mir leid*.

Jetzt sind Sie dran.

¿Se sienten bien? Fragen und sagen Sie, wie sich die Personen fühlen, indem Sie die Satzhälften zu sinnvollen Sätzen verbinden.

1. Alejandra no se ____ **A** sientes bien? Yo tengo un poco de diarrea.
2. ¿Te ____ **B** sentimos muy bien. No nos duele nada.
3. Enrique y yo nos ____ **C** siento bastante mal. Me duele la barriga.
4. Me ____ **D** sentís bien? A mí me duele la cabeza.
5. Mis padres ____ **E** siente bien. Le duele la garganta.
6. Chicas, ¿os ____ **F** se sienten bastante bien en España.

Lösung
1. E, **2.** A, **3.** B, **4.** C, **5.** F **6.** D

Sie erzählen dem Apotheker, dass Ihr Mann Halsprobleme hat:

Tiene | dolor de garganta.

[tiéne dolór de gargánta.]
Er hat Halsschmerzen.

Mit der Strukur **tener dolor de** + *Körperteil* können Sie sagen, wo genau es wehtut.

Jetzt sind Sie dran.

Tienen dolor de... Sagen Sie auf Spanisch, wie sich die Leute fühlen und wo sie Schmerzen haben.

1. *Ana fühlt sich schlecht. Sie hat Kopfschmerzen.*

Ana se siente mal. Tiene dolor de cabeza.

2. *Mein Vater fühlt sich nicht gut. Er hat Rückenschmerzen.*

3. *Meine Kinder fühlen sich ziemlich schlecht. Sie haben Bauchschmerzen.*

4. *Ich fühle mich schlecht. Ich habe Halsschmerzen.*

5. *Meine Enkelin fühlt sich sehr schlecht. Sie hat Ohrenschmerzen.*

Lösung
2. Mi padre no se siente bien. Tiene dolor de espalda.
3. Mis hijos se sienten bastante mal. Tienen dolor de barriga.
4. Me siento mal. Tengo dolor de garganta.
5. Mi nieta se siente muy mal. Tiene dolor de oído.

Mal sehen, was Ihnen der Apotheker anbietet:

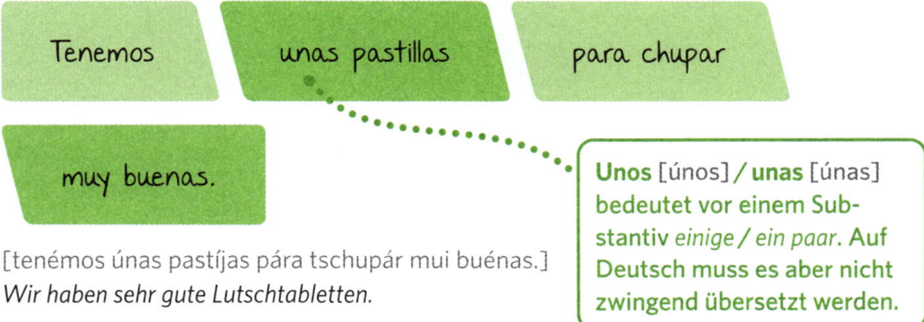

[tenémos únas pastíjas pára tschupár mui buénas.]
Wir haben sehr gute Lutschtabletten.

Unos [únos] / **unas** [únas] bedeutet vor einem Substantiv *einige / ein paar*. Auf Deutsch muss es aber nicht zwingend übersetzt werden.

Der Apotheker empfiehlt **unas pastillas para chupar** [únas pastíjas pára tschupár] *Lutschtabletten.* **Para** *für* kennen Sie schon aus der Wendung **¿Y para usted?** *Und für Sie?* Hier hat es die Bedeutung *zum*, also **pastillas para chupar** sind wörtlich *Tabletten zum Lutschen.*
Andere wichtige Darreichungsformen in der Apotheke sind:

el comprimido [el comprimído] / **la pastilla** [la pastíja]	*die Tablette*
la cápsula [la kápsula]	*die Kapsel*
el gel [el chel]	*das Gel*
las gotas [las gótas]	*die Tropfen*
el jarabe [charábe]	*der Saft*
el spray [el sprai]	*das Spray*

Jetzt müssen Sie nur noch entscheiden, welcher Geschmack der richtige ist:

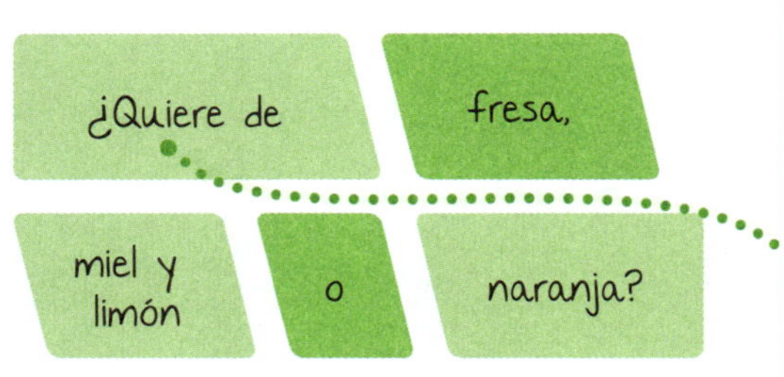

[kiére de frésa, miél i limón o naráncha?]
Wollen Sie Erdbeer, Honig und Zitrone oder Orange?

Das Verb **querer** (*wollen*) gehört zur Gruppe der Verben mit Vokalwechsel von **e → ie** in der 1., 2. und 3. Person Singular und in der 3. Person Plural.
querer (*wollen*)
(yo) quiero
(tú) quieres
(él / ella / usted) quiere
(nosotros / -as) queremos
(vosotros / -as) queréis
(ellos / -as / ustedes) quieren

Jetzt müssen Sie wählen:

De	miel y limón,	por favor.

[de miél i limón, por fawór.]
Honig und Zitrone, bitte.

Jetzt sind Sie dran.

Beantworten Sie die Fragen des Apothekers, indem Sie die passenden Antworten geben. Sprechen Sie danach den gesamten Dialog laut nach.

1. ¿Ya le atienden?	___ **A** De fresa, por favor.
2. ¿Qué le duele?	___ **B** Sí, ¡muchas gracias!
3. ¿Quiere pastillas o gotas?	___ **C** No, todavía no.
4. ¿Quiere de naranja o de fresa?	___ **D** Me duele la garganta.
5. ¿Necesita algo más?	___ **E** Pastillas, por favor.
6. ¿Eso es todo?	___ **F** Sí, también necesito un spray antimosquitos.

Lösung
1. C, **2.** D, **3.** E, **4.** A, **5.** F, **6.** B

¿Eso es todo?	-Sí,	¡muchas gracias!

[éso es tódo? —si, mútschas gráßias!]
Ist das alles? - Ja, vielen Dank!

Dieser letzte Wortwechsel ist für Sie nun nichts Neues mehr. Ja, das ist alles. Sie bedanken sich höflich. Ihr erster Einkauf in der Apotheke ist geschafft. Jetzt müssen Sie nur noch bezahlen.

Jetzt sind Sie dran.

Hier sehen Sie alle Wörter der Lektion auf einen Blick. Und noch ein Lerntipp: Diese Lektion eignet sich hervorragend dafür, den Wortschatz nach Themenfeldern zu wiederholen, z.B. Körperteile, Verletzungen oder Arzneimittel. Malen oder kleben Sie das Bild eines Menschen auf ein großes Blatt Papier und beschriften Sie die Körperteile. Sie können das Plakat dann beispielsweise im Bad aufhängen und so beim Zähneputzen immer wiederholen. Bilden Sie auch Sätze zu verschiedenen Beschwerden. Sprechen Sie diese laut vor sich hin und vergessen Sie nicht *Gute Besserung!* zu wünschen: **¡Que se mejore!** [ke se mechóre!] bzw. geduzt **¡Que te mejores!** [ke te mechóres!].

TR. 61

la farmacia [la farmáßia]	*die Apotheke*
atender [atendér]	*bedienen*
¿Ya le atienden? [ja le atiénden?]	*Werden Sie schon bedient?*
¿Ya te atienden? [ja te atiénden?]	*Wirst du schon bedient?*
todavía no [todawía no]	*noch nicht*
¡Ay! [aj]	*Aua!*

TR. 62

Mire,... [míre,...]	*Schauen Sie, ...*
doler [dolér]	*wehtun*
sentirse [sentírse]	*sich fühlen*
sentir [sentír]	*fühlen, bedauern*
bastante [bastánte]	*ziemlich*
mal [mal]	*schlecht*
un poco [un póko]	*ein bisschen*
¡Que se mejore! [ke se mechóre!]	*Gute Besserung!* (Sie-Form)
¡Que te mejores! [ke te mechóres!]	*Gute Besserung!* (Du-Form)

TR. 63

la herida [la erída]	*die Verletzung / die Wunde*
la ampolla [la ampója]	*die Blase*
el corte [el kórte]	*die Schnittwunde*
la picadura de mosquito [la pikadúra de moskíto]	*der Mückenstich*

la quemadura de sol [la kemadúra de sol]	*der Sonnenbrand*
la rozadura [la roßadúra]	*die Schürfwunde*

TR. 64

la alergia al polen [la alérchia al pólen]	*die Pollenallergie*
el catarro [el katárro]	*die Erkältung*
la diarrea [la diarréa]	*der Durchfall*
el estreñimiento [el estrenjimiénto]	*die Verstopfung*
la fiebre [la fiébre]	*das Fieber*
la insolación [insolaßión]	*der Sonnenstich*
la tos [la tos]	*der Husten*

TR. 65

las partes del cuerpo [las pártes del kuérpo]	*die Körperteile*
la barriga [la barríga]	*der Bauch*
el brazo [el bráßo]	*der Arm*
la cabeza [la kabéßa]	*der Kopf*
la cara [la kára]	*das Gesicht*
la espalda [la espálda]	*der Rücken*
la garganta [la gargánta]	*der Hals*
la mano [la máno]	*die Hand*
el oído [el oído]	*das (innere) Ohr*
la oreja [la orécha]	*das Ohr*
el pie [el pje]	*der Fuß*
la pierna [la piérna]	*das Bein*

TR. 66

el analgésico [el analchésiko]	*die Schmerztablette*
el antihistamínico [el antiistamíniko] / **el antialérgico** [el antialérchiko]	*das Antihistaminikum / das Antiallergikum*
el desinfectante de heridas [el desinfektánte de erídas]	*das Wunddesinfektionsmittel*
el laxante [el laksánte]	*das Abführmittel*
el antidiarreico [el antidiarréiko]	*das Mittel gegen Durchfall*

el spray antimosquitos [el sprai antimoskítos]	*das Antimückenspray*
la tirita [la tiríta]	*das Pflaster*
la caja [la kácha]	*die Packung / die Schachtel / die Kiste*
especial [espeßiál]	*Spezial- / besonders*

TR. 67

el comprimido [el comprimído] / **la pastilla** [la pastíja]	*die Tablette*
la pastilla para chupar [la pastíja pára tschupár]	*die Lutschtablette*
chupar [tschupár]	*lutschen*
la cápsula [la kápsula]	*die Kapsel*
el gel [el chel]	*das Gel*
las gotas [las gótas]	*die Tropfen*
el jarabe [charábe]	*der Saft*
el spray [el sprai]	*das Spray*

TR. 68

bueno [buéno] / **buena** [buéna]	*gut*
la fresa [la frésa]	*die Erdbeere*
el limón [el limón]	*die Zitrone*
la miel [la miél]	*der Honig*

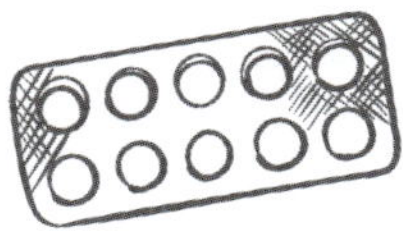

Sie können sich nun in einer Apotheke beraten lassen und ausdrücken, was Ihnen oder einer anderen Person fehlt. Hören Sie noch einmal den ganzen Dialog in der Apotheke.

TR. 69

- ¿Ya le atienden?
- Todavía no. Mire, tengo una ampolla reventada en el pie. Me duele mucho la herida.
- Ya veo. Casi no puede caminar. Aquí tiene un desinfectante de heridas y una caja de tiritas especiales. ¿Necesita algo más?
- Sí. Mi marido no se siente bien. Tiene dolor de garganta.
- Tenemos unas pastillas para chupar muy buenas. ¿Quiere de fresa, miel y limón o naranja?
- De miel y limón, por favor.
- ¿Eso es todo?
- Sí, ¡muchas gracias!

Bilden Sie aus den einzelnen Bausteinen Sätze, damit Ihnen in der Apotheke problemlos geholfen werden kann.

10 AL TELÉFONO
AM TELEFON

In einer Fremdsprache zu telefonieren ist nicht ganz einfach. Wiederholen Sie die folgenden Wörter und Wendungen, die Sie bereits kennen. Sie sind bereits ganz gut für den Dialog am Telefon gerüstet.

¿A qué nombre?
Auf welchen Namen?

a nombre de...
auf den Namen ...

reservar
reservieren

puede
Sie können

¡Por supuesto!
Selbstverständlich!

quiere
Sie möchten

el teléfono
das Telefon

el restaurante
das Restaurant

Perdone...
Entschuldigen Sie ...

In dieser Lektion lernen Sie, einen Anruf zu tätigen **llamar (por teléfono)** [jamár (por teléfono)] *anrufen / telefonieren*. Jetzt aber Konzentration, es klingelt bereits. Und schon meldet sich eine Stimme am anderen Ende der Leitung und begrüßt Sie mit:

Restaurante "La Golosa", ¿dígame?

[restauránte "la golósa", dígame?]
Restaurant „La Golosa", hallo?

Der Name des Restaurants, das Sie ausgesucht haben, ist „La Golosa". **La golosa** [la golósa] bedeutet *das Leckermaul*, in der männlichen Form entsprechend **el goloso** [el golóso]. Wenn das Telefon klingelt, meldet man sich in Spanien mit einem fragenden **¿Dígame?** [dígame?] oder **¿Diga?** [díga?], das wörtlich *Sagen Sie (mir)?* heißt. Der Ausdruck kommt übrigens vom Verb **decir** [decír] *sagen*. Privat wird der Anruf oft auch einfach nur mit einem lockeren **¿Hola?** [óla?] *Hallo?* oder **¿Sí?** [si?] *Ja?* entgegengenommen. Den eigenen Namen nennt der Angerufene in der Regel nicht. Nur bei geschäftlichen Telefonaten ist neben der Begrüßung eine Firmennennung üblich: *Firmenname*, **¿dígame?**

Aber auch als Anrufer muss man sich nicht sofort identifizieren. Nennen Sie einfach Ihren gewünschten Ansprechparter: **Con** + *Ansprechpartner*, **por favor.** *Mit* + *Ansprechpartner, bitte*. In der Regel wartet man dann, bis man die Frage **¿De parte de quién?** [de párte de kién?] in der Bedeutung *Wer spricht, bitte?* gestellt bekommt. Erst jetzt sagen Sie Ihren Namen: **De parte de** [de párte de] *Es spricht* + *Name* oder **Soy** [soi] + *Name*.

Jetzt sind Sie dran.

¿Dígame? Der Dialog ist gehörig durcheinandergeraten. Bringen Sie ihn in die richtige Reihenfolge und sprechen Sie ihn danach laut nach.

1. Con Sergio, por favor.
2. De parte de Elena.
3. Camping „Sur", ¿dígame?
4. ¿De parte de quién?
5. Un momento, por favor.

Richtige Reihenfolge:

Lösung
Richtige Reihenfolge: 3, 1, 4, 2, 5

Das fragende **¿Dígame?** ist für Sie das Signalwort, dass Sie nun an der Reihe sind zu antworten:

Buenos días, | quisiera reservar | una mesa.

[buénos días, quisiéra reserwár úna mésa.]
Guten Tag, ich würde gerne einen Tisch reservieren.

Nach der Begrüßung sagen Sie, was Sie möchten: **Quisiera reservar una mesa.** [kisiéra reserwár úna mésa.] *Ich würde gerne einen Tisch reservieren.* **Quisiera...** [kisiéra...] *Ich würde gerne ...* ist eine Höflichkeitsform des Verbs **querer** [kerér] *wollen*, das Sie in Lektion 9 gelernt haben. Mit der Strukur **quisiera** + *Infinitiv* oder **quisiera** + *bestimmter / unbestimmter Artikel* + *Substantiv* können Sie auf ganz besonders höfliche Art und Weise ausdrücken, was Sie gerne möchten.

Mal sehen, was die freundliche Stimme am anderen Ende der Leitung antwortet.

¿Para cuándo | la | quiere reservar?

[pára kuándo la kiére reserwár?]
Für wann wollen Sie ihn reservieren?

Die Frage an Sie beginnt mit **¿Para cuándo?** [pára kuándo?] *Für wann?* **¿Cuándo?** [kuándo?] heißt dementsprechend *Wann?* Wenn man eine Präposition davorsetzt, kann man unterschiedliche Zeitspannen ausdrücken:

¿Para cuándo? [pára kuándo?] *Für wann?*
¿Desde cuándo? [désde kuándo?] *Seit wann?*
¿Hasta cuándo? [ásta kuándo?] *Bis wann?*

Bei **la** [la] in **la quiere reservar** handelt es sich um ein direktes Objektpronomen in der 3. Person Singular, mit dem **la mesa** [la mésa] aus Ihrem Satz ersetzt wird. Es steht vor dem konjugierten Verb:

—Buenos días, quisiera reservar una mesa.
Guten Tag, ich möchte einen Tisch reservieren.
—¿Para cuándo la quiere reservar?
Für wann möchten Sie ihn reservieren?

Man verwendet hier also **la** (die weibliche Form, da **mesa** auch weiblich ist), um das Wort **mesa** nicht wiederholen zu müssen.

Die Formen der direkten Objektpronomen entsprechen denen der indirekten Objektpronomen mit Ausnahme der 3. Person Singular und Plural.
me *mich*
te *dich*
lo *ihn / Sie*
la *sie / Sie*
nos *uns*
os *euch*
los *sie / Sie*
las *sie / Sie*

Jetzt sind Sie dran.

¿Lo, la, los, las? Kreuzen Sie die passenden Antworten an.

1. ¿Comes la tortilla de Maite?
- ☐ **A** No, no la como.
- ☐ **B** Si, las como.
- ☐ **C** No, no lo como.

2. ¿Cortas tú el jamón?
- ☐ **A** Sí, las corto yo.
- ☐ **B** No, la corta mi padre.
- ☐ **C** Sí, lo corto yo.

3. ¿Quién compra los tomates?
- ☐ **A** Los compran Pedro y María.
- ☐ **B** Las compra tu madre.
- ☐ **C** Lo compra mi novia.

4. ¿Quién tiene el mapa de Madrid?
- ☐ **A** La tenemos nosotros.
- ☐ **B** Lo tiene tu hermano.
- ☐ **C** Los tiene Bárbara.

5. ¿Quién llama a Mónica?
- ☐ **A** Las llama Miguel.
- ☐ **B** Lo llamamos nosotros.
- ☐ **C** La llamo yo.

6. ¿Tiene pastillas de limón para chupar?
- ☐ **A** No, pero las tenemos de fresa.
- ☐ **B** Sí, los tenemos de limón y miel.
- ☐ **C** Sí, también la tengo de fresa.

Lösung
1. A, **2.** C, **3.** A, **4.** B, **5.** C, **6.** A

Jetzt müssen Sie die Frage der netten Stimme aber auch beantworten. Für wann wollen Sie den Tisch denn reservieren?

Para | el sábado, | veinticinco de marzo, | a las nueve y media | de la noche.

[pára el sábado, veintißínko de márßo, a las nuéwe i média de la nótsche.]
Für den Samstag, den fünfundzwanzigsten März, um halb zehn abends.

Para el sábado,... [pára el sábado,...] *Für den Samstag, ...* wollen Sie also reservieren. Hier der gesamte Überblick über **los días de la semana** [los días de la semána] *die Wochentage*:

lunes [lúnes] *Montag*
martes [mártes] *Dienstag*
miércoles [miérkoles] *Mittwoch*
jueves [chuéwes] *Donnerstag*
viernes [wiérnes] *Freitag*
sábado [sábado] *Samstag*
domingo [domíngo] *Sonntag*

Wochentage sind männlich. Wenn man sie mit dem bestimmten Artikel benutzt, drückt der Singular einen Zeitpunkt aus, der Plural eine Regelmäßigkeit.
El lunes voy al supermercado.
Am Montag gehe ich in den Supermarkt.
Los lunes voy al supermercado.
Montags gehe ich in den Supermarkt.

Den Wochentag haben Sie nun bereits genannt, jetzt fehlt noch **la fecha** [la fétscha] *das Datum*: **el veinticinco de marzo** *der 25. März*. Die Zahlen kennen Sie bereits. Sollten Sie eine kurze Auffrischung brauchen, blättern Sie rasch noch einmal in Lektion 3. Und nun kommen **los meses** [los méses] *die Monate* dazu:

enero [enéro] *Januar*
febrero [febréro] *Februar*
marzo [márßo] *März*
abril [abríl] *April*
mayo [májo] *Mai*
junio [chúnio] *Juni*
julio [chúlio] *Juli*
agosto [agósto] *August*
septiembre [septiémbre] *September*
octubre [oktúbre] *Oktober*
noviembre [nowiémbre] *November*
diciembre [dißiémbre] *Dezember*

Wollen Sie nun das Datum bilden, ist das ganz einfach. Sie brauchen dafür die Struktur: *Zahl* + **de** + *Monat*: **diecinueve de enero.**
Wenn Sie „am" sagen möchten, setzen Sie einfach den bestimmten Artikel **el** davor: **El diecinueve de enero estoy en Madrid.** *Am neunzehnten Januar bin ich in Madrid.*

Achtung: Im Deutschen bildet man das Datum mit Hilfe der Ordinalzahlen (erster April, zweiter April, dritter April ...). Im Spanischen benutzt man dagegen die normalen Zahlen (**el uno de abril, el dos de abril, el tres de abril...**). Nur für den ersten Tag im Monat darf man auch eine Ordinalzahl verwenden: **el primero de abril.**

Sollte Sie jemand fragen **¿Qué día es hoy?** [ke día es oi?] *Welcher Tag ist heute?*, antworten Sie:
Hoy es + *Zahl* + **de** + *Monat*. oder
Hoy es + *Wochentag* + *Zahl* + **de** + *Monat*.
Man könnte Sie auch fragen **¿A cuánto estamos hoy?** [a kuánto estámos oi?] *Der wievielte ist heute?* Die Antwort darauf wäre dann: **(Estamos) a** + *Zahl* + **de** + *Monat*.

Sollte sich jemand mit der Frage **¿Cuándo es su / tu cumpleaños?** [kuándo es su / tu kumpleánjos?] *Wann ist Ihr / dein Geburtstag?* nach Ihrem Wiegenfest erkunden, antworten Sie: **Mi cumpleaños es el** + *Zahl* + **de** + *Monat*.

Jetzt sind Sie dran.

Las fechas. Sagen Sie die verschiedenen Daten auf Spanisch.

1. 24. Dezember veinticuatro de diciembre

2. 6. Januar

3. 1. November

4. 12. Oktober

5. 15. August

Lösung
2. seis de enero
3. uno / primero de noviembre
4. doce de octubre
5. quince de agosto

Jetzt sind Sie dran.

Preguntas con fechas. Beantworten Sie nun die Fragen und verwenden Sie dazu die vorgegebenen Datumsangaben. Achten Sie darauf, ob Sie **el** brauchen oder nicht.

1. ¿Cuándo estáis en Barcelona? (*1. Februar*)

Estamos en Barcelona ______________________.

2. ¿Cuándo estás en Sevilla? (*Mittwoch, 23. August*)

Estoy en Sevilla ______________________.

3. ¿Qué día es hoy? (*Wochentag, + Datum von heute*)

Hoy es ______________________.

4. ¿Cuándo es su cumpleaños? (*Ihr Geburtstag*)

Es ______________________.

Lösung
1. el primero / uno de febrero.
2. el miércoles, veintitrés de agosto.
3. individuelle Lösung: Hoy es + Wochentag + Datum von heute.
4. individuelle Lösung: Es el + Datum.

Jetzt haben Sie bereits Auskunft über den Tag und das Datum Ihrer Reservierung gegeben. Nun geht es weiter mit der Uhrzeit. Also **a las nueve y media** [a las nuéwe i média] *um halb zehn* möchten Sie zu Abend essen. Auf Spanisch heißt *zu Abend essen* **cenar** [ßenár]. Zu spät für Sie? Wundern Sie sich nicht! Das ist gerade am Wochenende in Spanien eine ganz normale Uhrzeit, um essen zu gehen.

Es gibt unterschiedliche Möglichkeiten, um sich nach der Uhrzeit zu erkundigen. In Ihrem Telefonat wäre die passende Frage zu Ihrer Zeitangabe: **¿A qué hora?** [a ke óra?] *Um wie viel Uhr?*
Wenn Sie die Uhrzeit wissen möchten, fragen Sie: **¿Qué hora es?** [ke óra es?] *Wie viel Uhr ist es?*

Die Antwort darauf bildet man so:
Son las + *Uhrzeit* (+ *Tageszeit*).
Son las tres y media (de la tarde). *Es ist halb vier (nachmittags).*
Eine Ausnahme dazu gibt es bei *ein Uhr*: **Es la una (de la tarde).**
Ist es Mittag, heißt es: **Es mediodía**. Ist es Mitternacht: **Es medianoche**.

Wie die Uhrzeit gebildet wird, sehen Sie hier:

Zeit	y	Zeit	menos
09:00	las nueve		
09:05	las nueve **y** cinco	09:35	las diez **menos** veinticinco
09:10	las nueve **y** diez	09:40	las diez **menos** veinte
09:15	las nueve **y** cuarto	09:45	las diez **menos** cuarto
09:20	las nueve **y** veinte	09:50	las diez **menos** diez
09:25	las nueve **y** veinticinco	09:55	las diez **menos** cinco
09:30	las nueve **y** media	10:00	las diez

Achtung: Wenn man eine Uhrzeit nennt, werden halbe Stunden und Viertelstunden sowie Minuten mit **y** [i] in der Bedeutung *nach* und **menos** [ménos] in der Bedeutung *vor* angegeben. Die Faustregel ist: Bis zur halben Stunde sagt man **y**, danach bis zur vollen Stunde **menos**.

Im Alltag wird die Uhrzeit mit den Zahlen von 1-12 angegeben, nur bei Fahrplänen oder in der Amtssprache verwendet man den 24-Stunden-Rhythmus. Damit es bei dem 12-Stunden-Rhythmus nicht zu Verwechslungen kommt, gibt man die Tageszeit immer dann an, wenn man sie nicht erschließen kann. Angaben für Tageszeiten lassen sich allerdings nicht in ein exaktes zeitliches Korsett pressen und werden individuell und nach Jahreszeit ausgelegt. So ist es möglich, dass jemand **las ocho de la tarde** sagt und ein anderer **las ocho de la noche**. Die Zeitspannen in der Tabelle sollen daher als Orientierungshilfe verstanden werden:

de la mañana [de la manjána]	*morgens (von 6 Uhr bis 12 Uhr)*
de la tarde [de la tárde]	*nachmittags / abends (von 13 Uhr bis 21 Uhr)*
de la noche [de la nótsche]	*abends / nachts (von 21 Uhr bis 24 Uhr)*
de la madrugada [de la madrugáda]	*frühmorgens (von 1 Uhr bis 6 Uhr)*

Jetzt sind Sie dran.

¿A qué hora...? Verbinden Sie die Fragen mit den passenden Antworten.

1. ¿A qué hora es la cena? ____ **A** A las dos y media de la tarde.
2. ¿A qué hora es el desayuno? ____ **B** A las cinco de la tarde.
3. ¿A qué hora es el almuerzo? ____ **C** A las diez de la noche.
4. ¿A qué hora es la merienda? ____ **D** A las nueve de la mañana.

Lösung
1. C, **2.** D, **3.** A, **4.** B

Jetzt sind Sie dran.

¿Qué hora es? Sagen Sie, wie spät es ist, indem Sie aus den durcheinandergeratenen Wörtern Sätze bilden.

1. las nueve de la mañana menos son cuarto

2. es media la una y de la tarde

3. y cuarto son las cinco de la tarde

4. cinco de la noche las doce son menos

Lösung
1. Son las nueve menos cuarto de la mañana. 8.45 Uhr
2. Es la una y media de la tarde. 13.30 Uhr
3. Son las cinco y cuarto de la tarde. 17.15 Uhr
4. Son las doce menos cinco de la noche. 23.55 Uhr

Nun haben Sie der Person am anderen Ende der Leitung schon wichtige Information gegeben. Jetzt fragt sie weiter.

¿Para cuántas personas?

[pára kuántas persónas?]
Für wie viele Personen?

Mit **¿Cuánto? / ¿Cuánta? / ¿Cuántos? / ¿Cuántas?** fragt man nach einer Menge oder Anzahl. Wenn es vor einem Substantiv steht, richtet es sich in Geschlecht und Zahl danach. In Fragen ohne Substantiv wie **¿Cuánto es?** *Wie viel macht das?* oder **¿Cuánto cuesta / n...?** *Wie viel kostet / kosten ...?* ist es unveränderlich.

Fällt Ihnen etwas auf? Genau, **¿Cuánto / -a?** ist veränderlich. Darauf müssen Sie achten. Wenn man ein **para** [pára] davor setzt, heißt es dann im Singular **¿Para cuánto / -a?** [pára kuánto / -a?] *Für wie viel / e?* und im Plural **¿Para cuántos / -as?** [pára kuántos / -as?] *Für wie viele?*

Jetzt sind Sie dran.

¡Cuántas preguntas! Verbinden Sie die Satzhälften zu sinnvollen Fragen.

1. ¿Para cuántas	___ **A** casas tienes?
2. ¿Cuánto	___ **B** años tienes?
3. ¿Cuántos	___ **C** personas quiere reservar?
4. ¿Cuántas	___ **D** carne quieres comprar?
5. ¿Cuánta	___ **E** cuesta el queso manchego?

Lösung
1. C, **2.** E, **3.** B, **4.** A, **5.** D

Jetzt sind Sie wieder an der Reihe.

Para dos.

[pára dos.]
Für zwei.

Sie wollen nur zu zweit essen gehen. Wenn Sie für mehr als zwei Personen reservieren wollen würden, müssten Sie sagen **Para tres / cuatro / cinco ...** [pára tres / kuátro / ßínko ...] *Für drei / vier / fünf ...*

Sehen Sie, erst jetzt fordert Sie die freundliche Stimme auf, Ihren Namen zu nennen.

¿A nombre de | quién | es | la reserva?

[a nómbre de kién es la resérwa?]
Auf welchen Namen ist die Reservierung?

Die Frage **¿A nombre de quién?** [a nómbre de kién?] *Auf welchen Namen?*, genauso wie **¿A qué nombre?** [a ke nómbre?] *Auf welchen Namen?*, wird man Ihnen immer dann stellen, wenn Sie etwas reservieren möchten. Sie antworten nun:

[a nómbre de rosenów.]
Auf den Namen Rosenow.

Die Struktur **A nombre de** + *Name.* kennen Sie bereits aus Lektion 3.

Jetzt sind Sie dran.

Una reserva. Beantworten Sie die Fragen des Restaurantmitarbeiters am Telefon, indem Sie die passenden Antworten geben.

1. Restaurante "Mar", ¿dígame?	___ **A**	A las nueve de la noche.
2. ¿Para cuándo la quiere reservar?	___ **B**	Hola, quisiera reservar una mesa.
3. ¿A qué hora?	___ **C**	A nombre de Schneider.
4. ¿Para cuántas personas?	___ **D**	Para seis.
5. ¿A nombre de quién?	___ **E**	Para el viernes, doce de octubre.

Lösung
1. B, **2.** E, **3.** A, **4.** D, **5.** C

Den ausländischen Namen zu verstehen, ist für einen Spanier natürlich nicht einfach, daher fragt der Mitarbeiter nach:

Perdone, ¿lo puede deletrear, por favor?

[perdóne, lo puéde deletreár, por fawór?]
Entschuldigen Sie, können Sie das bitte buchstabieren?

Sie werden gebeten, Ihren Namen zu buchstabieren. Die Frage, die Ihnen gestellt wird, ist **¿Lo puede deletrear?** [lo puéde deletreár?] *Können Sie das buchstabieren?*

Por supuesto: erre, o, ese, e, ene, o, uve doble.

[por supuésto: érre, o, ése, éne, o, úwe dóble.]
Selbstverständlich: er, o, es, e, en, o, we.

Selbstverständlich buchstabieren Sie Rosenow: **erre, o, ese, e, ene, o, uve doble** [érre, o,ése,e, éne, o, úwe dóble] *er, o, es, e, en, o, we*. Um aber alle Namen buchstabieren zu können, sehen Sie hier das gesamte Alphabet im Überblick:

A	[a]	*a*	**J**	[chóta]	*jota*	**R**	[érre]	*erre*
B	[be]	*be*	**K**	[ka]	*ka*	**S**	[ése]	*ese*
C	[ße]	*ce*	**L**	[éle]	*ele*	**T**	[te]	*te*
CH	[tsche]	*che*	**LL**	[éje]	*elle*	**U**	[u]	*u*
D	[de]	*d*	**M**	[éme]	*eme*	**V**	[úwe]	*uve*
E	[e]	*e*	**N**	[éne]	*ene*	**W**	[úwe dóble]	*uve doble*
F	[éfe]	*efe*	**Ñ**	[énje]	*eñe*	**X**	[ékis]	*equis*
G	[che]	*ge*	**O**	[o]	*o*	**Y**	[igriéga]	*i griega*
H	[átsche]	*hache*	**P**	[pe]	*pe*	**Z**	[ßéta]	*zeta*
I	[i]	*i*	**Q**	[ku]	*cu*			

Trägt ein Buchstabe einen Akzent, sagt man z. B. **e con acento** [e kon aßénto] *é*, also *Buchstabe* + **con acento**
Bei Buchstaben mit Umlaut sagt man z. B. **o con dos puntos** [o kon dos púntos] *ö*, also *Buchstabe* + **dos puntos**.

Kommt ein Buchstabe zweimal hintereinander vor, sagt man z. B. **doble erre** [dóble érre] *Doppel-r*, also **doble** + *Buchstabe*.

Jetzt sind Sie dran.

¡A deletrear! Ihren Namen buchstabieren zu können, kann hilfreich sein. Sehen Sie sich zuerst diese gängigen deutschen Nachnamen an. Suchen Sie dann aus der Tabelle mit dem Alphabet die Buchstaben Ihres Namens heraus und buchstabieren Sie dann Ihren Namen. Lernen Sie ihn am besten gut auswendig, so müssen Sie nicht erst überlegen.

1. Schneider: ese, ce, hache, ene, e, i, de, e, erre

2. Müller: eme, u con dos puntos, doble ele, e, erre

3. Meyer: eme, e, i griega, e, erre

4. König: ca, o con dos puntos, ene, i, ge

5. Wagner: uve doble, a, ge, ene, e, erre

6. Ihr Name:

Der Mitarbeiter fasst noch einmal alles zusammen, was Sie besprochen haben:

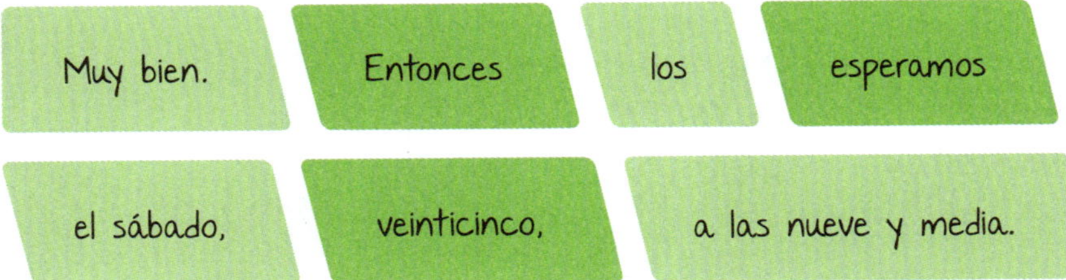

[mui bién. entónßes los esperámos el sábado, weintißínko, a las nuéwe i média.]
Sehr gut. Dann erwarten wir Sie am Samstag, den 25., um halb zehn.

Hier sehen Sie auch noch einmal ein Beispiel für ein direktes Objektpronomen im Plural: **Los esperamos...** [los esperámos...] *Wir erwarten **Sie** ...*

Jetzt Sind Sie dran.

Wieder ist eine Lektion geschafft und wie immer folgt der Lektionswortschatz auf einen Blick, genauso wie ein kleiner Lerntipp: Üben Sie die Buchstaben, indem Sie die Namen Ihrer Freunde, Kollegen und Bekannten laut buchstabieren.

TR70

el teléfono [el teléfono]	*das Telefon*
llamar (por teléfono) [jamár (por teléfono)]	*anrufen / telefonieren*
decir [deßír]	*sagen*
¿Dígame? [dígame?] / **¿Diga?** [díga?]	*Hallo? (am Telefon)*
el restaurante [el restauránte]	*das Restaurant*
el goloso [el golóso] / **la golosa** [la golósa]	*das Leckermaul*
deletrear [deletreár]	*buchstabieren*
¿Lo puede deletrear? [lo puéde deletreár?]	*Können Sie das buchstabieren?*
esperar [esperár]	*(er)warten / hoffen*
la mesa [la mésa]	*der Tisch*

TR.71

¿Cuándo? [kuándo?]	*Wann?*
¿Desde cuándo? [désde kuándo?]	*Seit wann?*
¿Hasta cuándo? [ásta kuándo?]	*Bis wann?*
¿Cuánto? [kuánto?] / **¿Cuánta?** [kuánta?]	*Wie viel? / Wie viele?*
¿A cuánto estamos hoy? [a kuánto estámos oi?]	*Der Wievielte ist heute?*
¿Qué día es hoy? [ke día es oi?]	*Welcher Tag ist heute?*
la fecha [la fétscha]	*das Datum*

TR.72

los días de la semana [los días de la semána]	*die Wochentage*
lunes [lúnes]	*Montag*
martes [mártes]	*Dienstag*
miércoles [miérkoles]	*Mittwoch*
jueves [chuéwes]	*Donnerstag*
viernes [wiérnes]	*Freitag*
sábado [sábado]	*Samstag*
domingo [domíngo]	*Sonntag*

TR.73

el mes [el mes]	*der Monat*
enero [enéro]	*Januar*
febrero [febréro]	*Februar*
marzo [márßo]	*März*
abril [abríl]	*April*
mayo [májo]	*Mai*
junio [chúnio]	*Juni*
julio [chúlio]	*Juli*
agosto [agósto]	*August*
septiembre [septiémbre]	*September*
octubre [oktúbre]	*Oktober*
noviembre [nowiémbre]	*November*
diciembre [dißiémbre]	*Dezember*

TR.74

la hora [la óra]	*die Stunde / die Uhrzeit*
¿A qué hora? [a ke óra?]	*Um wie viel Uhr?*
¿Qué hora es? [ke óra es?]	*Wie viel Uhr ist es?*
Es la una. [es la úna.]	*Es ist ein Uhr.*
Son las dos. [son las dos.]	*Es ist zwei Uhr.*
y cuarto [i kuárto]	*Viertel nach*
y media [i média]	*halb*
menos cuarto [ménos kuárto]	*Viertel vor*

de la mañana [de la manjána]	*morgens (von 6 Uhr bis 12 Uhr)*
de la tarde [de la tárde]	*nachmittags / abends (von 13 Uhr bis 21 Uhr)*
de la noche [de la nótsche]	*abends / nachts (von 21 Uhr bis 24 Uhr)*
de la madrugada [de la madrugáda]	*frühmorgens (von 1 Uhr bis 6 Uhr)*
Es mediodía. [es mediodía.]	*Es ist Mittag.*
Es medianoche. [es medianótsche.]	*Es ist Mitternacht.*

TR.75

la mañana [la manjána]	*der Morgen*
el mediodía [el mediodía]	*der Mittag*
la tarde [la tárde]	*der Nachmittag / der Abend*
la noche [la nótsche]	*der Abend / die Nacht*
la medianoche [la medianótsche]	*die Mitternacht*
la madrugada [la madrugáda]	*der frühe Morgen*

TR.76

me [me]	*mich*
te [te]	*dich*
lo [lo]	*ihn / Sie*
la [la]	*sie / Sie*
nos [nos]	*uns*
os [os]	*euch*
los [los]	*sie / Sie*
las [las]	*sie / Sie*

Sie können nun einen Tisch in einem Restaurant reservieren, gezielt auf Fragen nach Datum, Wochentag, Uhrzeit und Personenzahl reagieren und Ihren Namen buchstabieren. Wie immer hören Sie noch einmal den ganzen Dialog am Telefon.

TR. 77

- ● Restaurante "La Golosa", ¿dígame?
- ○ Buenos días, quisiera reservar una mesa.
- ● ¿Para cuándo la quiere reservar?
- ○ Para el sábado, veinticinco de marzo, a las nueve y media de la noche.
- ● ¿Para cuántas personas?
- ○ Para dos.
- ● ¿A nombre de quién es la reserva?
- ○ A nombre de Rosenow.
- ● Perdone, ¿lo puede deletrear, por favor?
- ○ Por supuesto: erre, o, ese, e, ene, o, uve doble.
- ● Muy bien. Entonces los esperamos el sábado, veinticinco, a las nueve y media.

Folgende Satzbausteine helfen Ihnen bei Angaben von Uhrzeit und Datum.

	el lunes	a las diez	de la mañana.
Para	el martes	a las tres y media	de la tarde.
	el domingo	a las ocho menos cuarto	de la noche.

11 EN EL RESTAURANTE
IM RESTAURANT

Und nun weiter mit einer neuen Alltagssituation! Sie wissen ja, der Appetit kommt beim Essen. Deshalb wiederholen Sie rasch die Wörter und Ausdrücke, die Sie bereits kennen und lassen Sie sie sich auf der Zunge zergehen.

una reserva
eine Reservierung

a nombre de
auf den Namen

Un momento, por favor.
Einen Moment, bitte.

Aquí tienen...
Hier haben Sie ...

la ensalada
der Salat

el vino
der Wein

la miel
der Honig

el chocolate
die Schokolade

Die spanische Küche ist sehr abwechslungsreich und bekannt für ihre kulinarischen Spezialitäten. Nicht ungewöhnlich, dass sie berühmte Spitzenköche hervorgebracht hat. Da gibt es das baskische Vater-Tochter-Gespann Juan Mari und Elena Arzak, Ferran Adrià, der einst die Molekularküche entwickelte und etablierte oder Joan Roca mit seinen zwei Brüdern im Schlepptau. Aber keine Angst, man muss kein Sternerestaurant besuchen, um lecker essen zu gehen. Die spanische Küche bietet alles, was das Herz begehrt, je nach Region und Jahreszeit. In den Küstengebieten werden vor allem Fisch und Meeresfrüchte serviert, im Landesinneren oft deftige Fleisch- und Eintopfgerichte.

Nachdem Sie in Lektion 10 erfolgreich einen Tisch reserviert haben, freuen Sie und Ihre Begleitung sich nun auf einen schönen Abend im Restaurant. An einem gemütlichen Tisch werden Sie lernen, wie man um eine Empfehlung bittet, die einzelnen Gänge benennt und bestellt und wie beliebte Vorspeisen, Hauptgerichte und Nachtische heißen. Sie betreten nun das Restaurant und ein Kellner mit weißem Hemd und schwarzer Krawatte nähert sich Ihnen mit einem freundlichen Lächeln.

[buénas nótsches, senjóres, tiénen úna resérwa?]
Guten Abend, meine Herrschaften, haben Sie reserviert?

Diesen Satz verstehen Sie problemlos. Die formelle Anrede **señor** [senjór] *mein Herr* und **señora** [senjóra] *meine Dame* kennen Sie bereits aus Lektion 1. **Señores** [senjóres] hat hier die Bedeutung von *meine Herrschaften*. Genauso kann **señores** [senjóres] auch *meine Herren* bedeuten, **señoras** [senjóras] dementsprechend *meine Damen*.

In der schriftlichen Anrede wird **señor** mit **Sr.** und **señora** mit **Sra.** abgekürzt.

So, nun wieder zu Ihnen. Sie wissen ganz genau, wie die Antwort lautet:

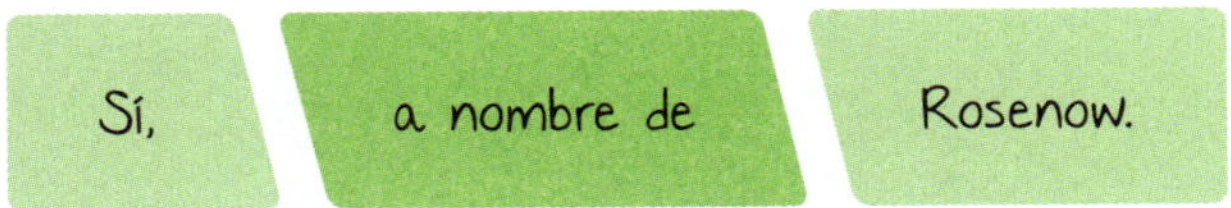

[si, a nómbre de rosenów.]
Ja, auf den Namen Rosenow.

Dieser Satz kommt Ihnen schon ganz selbstverständlich über die Lippen. Der Kellner blickt Sie an und deutet auf ein großes schwarzes Buch, das neben ihm auf einem Pult liegt.

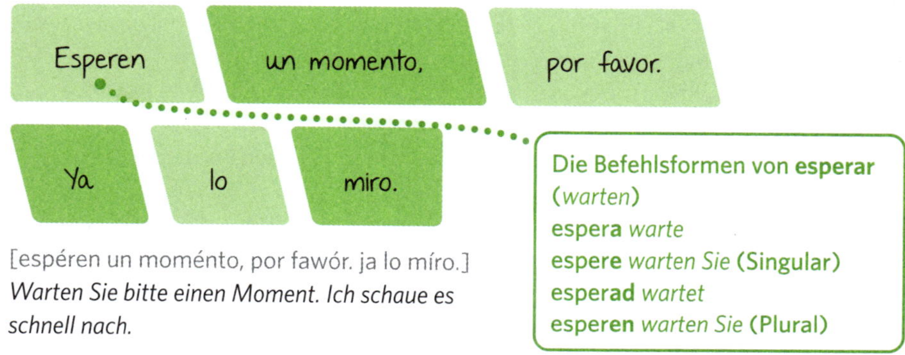

[espéren un moménto, por fawór. ja lo míro.] *Warten Sie bitte einen Moment. Ich schaue es schnell nach.*

Die Befehlsformen von **esperar** (*warten*)
espera *warte*
espere *warten Sie* (Singular)
esperad *wartet*
esperen *warten Sie* (Plural)

Also noch einen kleinen Moment Geduld: **Esperen un momento, por favor.** [espéren un moménto, por fawór.] *Warten Sie bitte einen Moment.*
In anderen Lektionen haben Sie bereits Verbformen kennengelernt wie **¡Mire!** [míre!] *Schauen Sie!* / **¡Mira!** [míra!] *Schau!*, **¡Perdone!** [perdóne!] *Entschuldigen Sie!* / **¡Perdona!** [perdóna!] *Entschuldige!* Genauso wie mit **¡Esperen!** [espéren!] *Warten Sie!* werden Sie damit aufgefordert, etwas zu tun.

Der Keller redet weiter. Sehen Sie sich den zweiten Satz des Kellners einmal ganz genau an: **Ya lo miro.** [ja lo míro.] *Ich schaue es schnell nach.* **Lo** ist ein direktes Objektpronomen. Das wissen Sie bereits, denn Sie haben es in Lektion 10 als Ersatz für eine männliche Person oder Sache kennengelernt. Hier hat es dahingegen eine neutrale Funktion: Es verweist auf einen davor genannten Satzinhalt, nämlich auf die Reservierung.

Das neutrale **lo** *es* verweist auf einen bereits erwähnten oder nicht näher bestimmten Sachverhalt. Im Deutschen wird es auch manchmal mit *das* wiedergegeben.
¿Qué es? No lo veo bien.
Was ist das? Ich kann es nicht so gut sehen.

Jetzt sind Sie dran.

¿Lo ves o no lo ves? Verbinden Sie die spanischen Sätze mit ihrer deutschen Entsprechung.

1. ¿Usted tiene una reserva? Un momento, por favor. Ya lo miro.	___ **A** Mein Bruder ist noch immer im Supermarkt. Ich verstehe das nicht.
2. ¿De dónde es usted? ¿Lo puede repetir?	___ **B** Entschuldigen Sie. Können Sie das buchstabieren?
3. Perdone, ¿lo puede deletrear?	___ **C** Haben Sie eine Reservierung? Einen Moment, bitte. Ich schaue schnell nach.
4. ¿Qué es? No lo veo bien.	___ **D** Woher kommen Sie? Können Sie das wiederholen?
5. Mi hermano todavía está en el supermercado. No lo entiendo.	___ **E** Was ist das? Ich sehe es nicht gut.

Lösung
1. C, **2.** D, **3.** B, **4.** E, **5.** A

Natürlich warten Sie, bis der Kellner Ihre Reservierung überprüft hat.

Por supuesto.

[por supuésto.]
Selbstverständlich.

Der Mann wird schnell fündig und bestätigt die Reservierung.

Aquí está, Rosenow, para dos personas, a las nueve y media. Vengan por aquí, por favor.

[akí está, rosenów, pára dos persónas, a las nuéwe i média. wéngan por akí, por fawór.]
Hier ist es, Rosenow, für zwei Personen, um halb zehn. Kommen Sie bitte hier entlang.

Er hat Ihre Reservierung gefunden und wiederholt sie. Auch für Sie ist es eine Wiederholung, denn den ersten Satz kennen Sie schon aus der vorherigen Lektion. Merken Sie, wie viel Sie bereits gelernt haben?

Mit dem zweiten Satz fordert der Kellner Sie und Ihre Begleitung auf, ihm zu folgen: **Vengan por aquí, por favor.** [wéngan por akí, por fawór.] *Kommen Sie bitte hier entlang.* **Vengan...** [wéngan...] *Kommen Sie ...* ist die 3. Person Plural der höflichen Befehlsform von **venir** [wenír] *kommen* und gehört zu den Verben mit unregelmäßiger Befehlsform.

> Das Verb **venir** (*kommen*) gehört zur Gruppe der Verben mit Vokalwechsel von **e** → **ie** in der 1., 2. und 3. Person Singular und in der 3. Person Plural. Die 1. Person Singular ist unregelmäßig.
> **venir** (*kommen*)
> (yo) **vengo**
> (tú) **vienes**
> (él / ella / usted) **viene**
> (nosotros / -as) venimos
> (vosotros / -as) venís
> (ellos / -as / ustedes) **vienen**

Sie bedanken sich:

Gracias.

[gráßias.]
Danke.

Ihre Begleitung und Sie folgen dem Kellner, bis er vor einem stilvoll gedeckten Tisch stehenbleibt. Er deutet auf die Stühle:

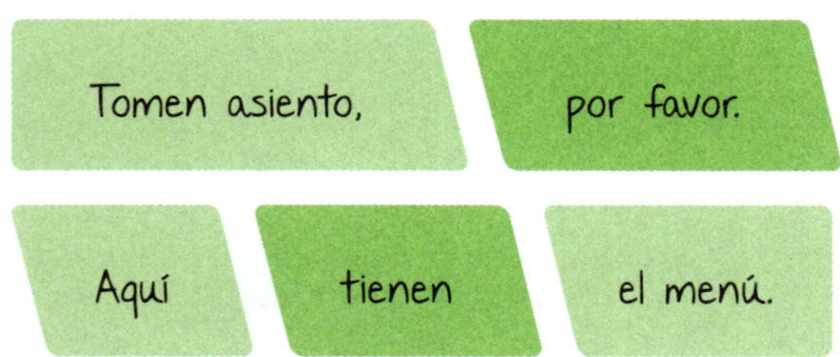

[tómen asiénto, por fawór. akí tiénen el menú.]
Nehmen Sie bitte Platz. Hier haben Sie die Karte.

Hier sehen Sie noch einmal die Befehlsform der 3. Person Plural. Mit **Tomen asiento, por favor.** [tómen asiénto, por fawór.] *Nehmen Sie bitte Platz.* fordert der Kellner Sie und Ihre Begleitung höflich auf, sich hinzusetzen. Kurz ein paar Worte zur Anwendung des Verbs **tomar** [tomár]. Es kann je nach Kontext (*zu sich*) *nehmen*, *trinken* oder *essen* bedeuten.

Jetzt sind Sie dran.

Toma... Verbinden Sie die Sätze mit ihren deutschen Entsprechungen.

1. ¿Vamos a tomar un café?	___ **A**	Nehmen Sie Platz.
2. Tome asiento.	___ **B**	Gehen wir ein Eis essen?
3. Tienes que tomar las pastillas.	___ **C**	Gehen wir einen Kaffee trinken?
4. ¿Vamos a tomar un helado?	___ **D**	Du musst die Tabletten nehmen.

Lösung
1. C, **2.** A, **3.** D, **4.** B

Sie und Ihre Begleitung haben Platz genommen.

Gracias. ¿Qué puede recomendarnos?

[gráßias. ke puéde rekomendárnos?]
Danke. Was können Sie uns empfehlen?

Bevor Sie in die Karte schauen, wollen Sie wissen, ob der Kellner Ihnen etwas empfehlen kann:
¿Qué puede recomendarnos? [ke puéde rekomendárnos?] *Was können Sie uns empfehlen?* Fällt Ihnen etwas auf? Schauen Sie einmal genau, wo hier das indirekte Objektpromen **nos** [nos] *uns* (Lektion 8) steht. Genau! Es ist am Infinitiv **recomendar** [rekomendár] *empfehlen* angehängt. Es könnte aber auch vor der konjugierten Form von **poder** [podér] *können* stehen.
¿Qué nos puede recomendar? [ke nos puéde recomendár?] *Was können Sie uns empfehlen?*

Achtung: Bei einer konjugierten Form von **ir a, poder, querer** oder **tener que** + *Infinitiv* kann das Objektpronomen sowohl vor dem konjugierten Verb stehen als auch an den Infinitiv angehängt werden:
¿Qué nos puede recomendar?
¿Qué puede recomendarnos?

Jetzt sind Sie dran.

Vamos a repetirlo. Verbinden Sie die Sätze mit der passenden Reaktion.

1. ¿Ves la casa?	___ **A** ¿Puedes llamarla por teléfono?
2. No entiendo.	___ **B** La voy a comprar.
3. ¿Dónde está tu hermana?	___ **C** ¿Qué nos puede recomendar?
4. ¿Quieren una mesa en el restaurante "M5"?	___ **D** ¿Puedes repetirlo?
5. Queremos cenar.	___ **E** Entonces tienen que reservarla.

Lösung
1. B, **2.** D, **3.** A, **4.** E, **5.** C

Mal schauen, was Ihnen der Kellner empfiehlt.

Pues, | de primero, | una ensalada de | rúcula con aliño de jengibre y miel, | de segundo, | lubina | con salsa de | vino tinto | y de postre, | una tarta de | chocolate y almendras.

[pués, de priméro, úna ensaláda de rúcula kon alínjo de chenchíbre i miél, de segúndo, lubína kon sálsa de wíno tínto i de póstre, úna tárta de tschokoláte i alméndras.]
Also, als Vorspeise einen Rucolasalat mit Ingwer-Honig-Dressing, als Hauptgericht Wolfsbarsch in Rotweinsoße und als Nachtisch eine Schokoladen-Mandel-Tarte.

Der Kellner beginnt seinen Satz mit **Pues,...** [pués,...] *Also, ...* Mit diesem Wörtchen kann man in der gesprochenen Sprache eine Information einleiten.

Ein spanisches Menü besteht in der Regel aus drei Gängen. So können Sie bestellen:

de primero [de priméro] *als Vorspeise*
de segundo [de segúndo] *als Hauptgericht*
de postre [de póstre] *als Nachtisch*

Die Vorspeise ist in der Regel nicht sehr üppig. Das kann ein Salat sein, eine Suppe, egal, ob kalt oder warm, oder ein kleines Gericht auf der Basis von Gemüse, Hülsenfrüchten, Reis oder Nudeln. Das Hauptgericht enthält dann meistens Fleisch oder Fisch und wird mit den unterschiedlichsten Beilagen serviert, **la guarnición** [la guarnißión] *die Beilage*. Der Nachtisch besteht aus Früchten, einer Süßspeise oder Eis. Zu Vorspeise und Hauptgericht wird Brot gereicht. Abgeschlossen wird das Menü meist mit einem Kaffee.
Achtung: In manchen Restaurants müssen Sie Brot und auch, wenn rechtlich zweifelhaft, Gedeck und Service bezahlen. Auf der Rechnung, **la cuenta** [la kuénta] *die Rechnung*, finden Sie diese Posten dann als **pan** [pan] *Brot* und **servicio y cubierto** [serwíßio i kubiérto] *Service und Gedeck* aufgelistet. Es wird pro Person abgerechnet. In diesem Fall können Sie dann selbst entscheiden, ob Sie Trinkgeld hinterlassen oder nicht: **la propina** [la propína] *das Trinkgeld*.

Jetzt aber wieder zu Ihrem Kellner, der noch seine Empfehlung für die Vorspeise loswerden möchte: **una ensalada de rúcula con aliño de jengibre y miel** [úna ensaláda de rúcula kon alínjo de chenchíbre i miél] *ein Rucolasalat mit Ingwer-Honig-Dressing*. Das klingt lecker, nicht wahr? Hier nur eine kleine Auswahl von weiteren Vorspeisen:

(el) cocido madrileño [(el) koßído madrilénjo]	*deftiger Eintopf aus Madrid*
(la) crema de verduras [(la) kréma de werdúras]	*Gemüsecremesuppe*
(la) ensalada de queso de cabra [(la) ensaláda de késo de kábra]	*Ziegenkäsesalat*
(la) lasaña de verduras [(la) lasánja de werdúras]	*Gemüselasagne*
(la) paella valenciana [(la) paéja walenßiána]	*traditionelle Paella aus Valencia*

Weiter mit dem zweiten Gang. **De segundo** [de segúndo] *als Hauptgericht* wird Ihnen **lubina con salsa de vino tinto** [lubína kon sálsa de wíno tínto] *Wolfsbarsch in Rotweinsoße* vorgeschlagen. Im Folgenden sehen Sie eine kleine Auswahl landestypischer Hauptgerichte:

(la) chuleta de cerdo [(la) tschuléta de ßérdo]	*Schweinekotelett*
(el) conejo al ajillo [(el) konécho al achíjo]	*Kaninchen mit Knoblauch*
(el) filete de ternera a la plancha [(el) filéte de ternéra a la plántscha]	*gegrilltes Kalbsfilet*
(los) huevos revueltos con espárragos trigueros [(los) uéwos rewuéltos kon espárragos trigéros]	*Rührei mit grünem Spargel*

(la) merluza al horno [(la) merlúßa al órno] *gebackener Seehecht*

(la) pechuga de pollo a la plancha [(la) petschúga de pójo a la plántscha] *gegrillte Hähnchenbrust*

Jetzt kommt der süße Teil des Menüs: **y de postre, una tarta de chocolate y almendras.** [i de póstre, úna tárta de tschokoláte i alméndras.] *und als Nachtisch eine Schokoladen-Mandel-Tarte*. Ein Nachtisch ist in Spanien quasi obligatorisch und es gibt eine reichhaltige Auswahl:

(el) arroz con leche [(el) arróß kon létsche] *Milchreis*

(la) crema catalana [(la) kréma katalána] *Vanillecreme mit karamellisierter Kruste*

(las) frutas de temporada [(las) frútas de temporáda] *Früchte der Saison*

(el) sorbete de limón [(el) sorbéte de limón] *Zitronensorbet*

(las) torrijas [(las) torríchas] *Arme Ritter*

Jetzt sind Sie dran.

¿Primer plato, segundo plato o postre? Kreuzen Sie an, ob es sich um eine Vor-, Hauptspeise oder einen Nachtisch handelt.

1. La crema catalana es un...
- ☐ **A** primer plato.
- ☐ **B** segundo plato.
- ☐ **C** postre.

2. La crema de verduras es un...
- ☐ **A** primer plato.
- ☐ **B** segundo plato.
- ☐ **C** postre.

3. La ensalada de queso de cabra es un...
- ☐ **A** primer plato.
- ☐ **B** segundo plato.
- ☐ **C** postre.

4. El filete de ternera a la plancha es un...
- ☐ **A** primer plato.
- ☐ **B** segundo plato.
- ☐ **C** postre.

5. El conejo al ajillo es un...
- ☐ **A** primer plato.
- ☐ **B** segundo plato.
- ☐ **C** postre.

6. Las frutas de temporada son un...
- ☐ **A** primer plato.
- ☐ **B** segundo plato.
- ☐ **C** postre.

Lösung
1. C, **2.** A, **3.** A, **4.** B, **5.** B, **6.** C

Ein Drei-Gänge-Menü zu bestellen ist gar nicht so schwer! Die Fragen des Kellners können leicht variieren:

¿Qué desea de primero / de segundo / de postre? *Was wünschen Sie als Vorspeise / als Hauptgericht / als Nachtisch?*

¿Qué le traigo de primero / de segundo / de postre? *Was soll ich Ihnen als Vorspeise / als Hauptgericht / als Nachtisch bringen?*

Das Verb **traer** (*bringen*) ist regelmäßig bis auf die 1. Person Singular **traigo**.

Ihre Antwort ist ganz einfach, Sie brauchen nicht einmal ein Verb:

De primero, lasaña de verduras. *Als Vorspeise, Gemüselasagne.*

De segundo, chuleta de cerdo. *Als Hauptspeise, Schweinekotelett.*

De postre, sorbete de limón. *Als Nachtisch, Zitronensorbet.*

Jetzt sind Sie dran.

¿Qué desea? Sagen Sie dem Kellner, was Sie essen möchten, indem Sie auf seine Fragen die passenden Antworten geben. Sprechen Sie den Dialog danach laut nach.

1. ¿Qué desea de primero?	___	**A** De segundo, conejo al ajillo.
2. ¿Y de segundo?	___	**B** De postre, arroz con leche.
3. ¿Qué le traigo de postre?	___	**C** Una copa de vino tinto, por favor.
4. ¿Y para beber?	___	**D** De primero, cocido madrileño.

Lösung
1. D, **2.** A, **3.** B, **4.** C

Nachdem der Kellner seine Empfehlung ausgesprochen hat, sieht er Sie erwartungsvoll an. Jetzt müssen Sie reagieren.

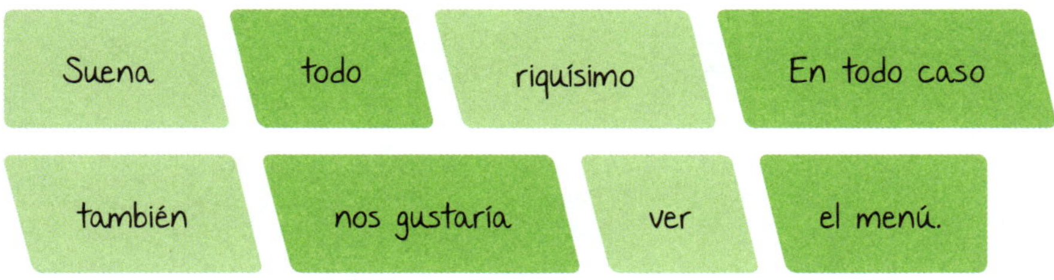

[suéna tódo rikísimo. en tódo cáso también nos gustaría wer el menú.]
Das klingt alles sehr lecker. Auf jeden Fall würden wir auch gerne die Speisekarte sehen.

Riquísimo kommt von **rico**, das eigentlich *reich* bedeutet oder im Zusammenhang mit Essen *lecker*. **Riquísimo** ist die absolute Steigerung und bedeutet *sehr lecker*. Obwohl all das, was der Kellner empfohlen hat also, *sehr lecker klingt* **suena riquísimo**, würden Sie und Ihre Begleitung gerne noch einen Blick in die Speisekarte werfen: **En todo caso también nos gustaría ver el menú.** [en tódo cáso también nos gustaría wer el menú.] *Auf jeden Fall würden wir auch gerne die Speisekarte sehen.*
Das Verb **gustar** [gustár] *mögen / gefallen / etwas gerne tun* und wie man es benutzt, haben Sie bereits in Lektion 8 gelernt. Die Form mit der Endung **-ía** benutzt man in diesem Fall, um höflich um etwas zu bitten oder einen Wunsch zu äußern: **Me gustaría beber un vino tinto.** *Ich würde gerne einen Rotwein trinken.*
Die Struktur ist einfach:
Indirektes Objektpronomen **me**, **te**, **le**, **nos**, **os**, **les** + **gustaría** + *Infinitiv des Verbs.*

Jetzt sind Sie dran.

Me gustaría... Sagen und fragen Sie, was diese Personen gerne tun würden, indem Sie aus den durcheinandergeratenen Wörtern Sätze bilden.

1. nos gustaría y a mí pescado comer a Eva

A Eva y a mí nos gustaría comer pescado.

2. vivir España me en gustaría

_____ .

3. una habitación reservar a mis padres gustaría les

_____ .

4. gustaría el menú le ver

Señor, ¿ _____ ?

5. gustaría beber os qué

Chicos, ¿ _____ ?

Lösung
2. Me gustaría vivir en España.
3. A mis padres les gustaría reservar una habitación.
4. Señor, ¿le gustaría ver el menú?
5. Chicos, ¿qué os gustaría beber?

Jetzt sind Sie dran.

Wie immer folgt nun der Wortschatz der Lektion. Zum Thema Essen und Trinken haben Sie viele Wörter und Wendungen in dieser Lektion gelernt. Und doch ist es nicht immer einfach, eine Speisekarte auf Spanisch zu verstehen, vor allem auch wegen der regionalen Spezialitäten. Sollten Sie eine Lebensmittelallergie haben oder bestimmte Lebensmittel überhaupt nicht mögen, so empfiehlt es sich, diese im Wörterbuch nachzusehen, z.B. kostenlos unter www.pons.de. Für alles andere heißt es dann mutig sein und probieren! **¡Que aproveche!** [ke aprowétsche!] *Guten Appetit!*

TR. 78

dar [dar]	*geben*
mirar [mirár]	*schauen / sehen*
poner [ponér]	*geben, legen, stellen*
recomendar [rekomendár]	*empfehlen*
sonar [sonár]	*hier: klingen*
tomar [tomár]	*(zu sich) nehmen / trinken / essen*
tomar asiento [tomár asiénto]	*Platz nehmen*
traer [traér]	*bringen (herbringen, mitbringen)*

TR. 79

señores [senjóres]	*meine Herrschaften*
el cubierto [el kubiérto]	*das Gedeck*
La cuenta, por favor. [la kuénta, por fawór.]	*Die Rechnung, bitte.*
la cuenta [la cuénta]	*die Rechnung*
el servicio [el serwíßio]	*der Service*
el menú [el menú]	*die Speisekarte / das Menü*
la propina [la propína]	*das Trinkgeld*
pues [pués]	*also*
en todo caso [en tódo káso]	*auf jeden Fall*
¡Que aproveche! [ke aprowétsche!]	*Guten Appetit!*

TR. 80

el primer plato [el primér pláto]	*die Vorspeise / der erste Gang*
de primero [de priméro]	*als Vorspeise*
la entrada [la entráda]	*die Vorspeise*
la ensalada [la ensaláda]	*der Salat*
(la) ensalada de rúcula [(la) ensaláda de rúkula]	*Rucolasalat*
el aliño [el alínjo]	*das Dressing / die Salatsoße*
el jengibre [el chenchíbre]	*der Ingwer*
(el) cocido madrileño [(el) koßído madrilénjo]	*deftiger Eintopf aus Madrid*
(la) crema de verduras [(la) kréma de werdúras]	*Gemüsecremesuppe*
(la) ensalada de queso de cabra [(la) ensaláda de késo de kábra]	*Ziegenkäsesalat*
(la) lasaña de verduras [(la) lasánja de werdúras]	*Gemüselasagne*
(la) paella valenciana [(la) paéja walenßiána]	*traditionelle Paella aus Valencia*

TR. 81

el segundo plato [el segúndo pláto]	*das Hauptgericht / der zweite Gang*
de segundo [de segúndo]	*als Hauptgericht*
la guarnición [la guarnißión]	*die Beilage*
(la) chuleta de cerdo [(la) tschuléta de ßérdo]	*Schweinekotelett*
(el) conejo al ajillo [(el) konécho al achíjo]	*Kaninchen mit Knoblauch*
(el) filete de ternera a la plancha [(el) filéte de ternéra a la plántscha]	*gegrilltes Kalbsfilet*
(los) huevos revueltos con espárragos trigueros [(los) uéwos rewuéltos kon espárragos trigéros]	*Rührei mit grünem Spargel*
(la) lubina [(la) lubína]	*Wolfsbarsch*

(la) merluza al horno [(la) merlúßa al órno]	*gebackener Seehecht*
(la) pechuga de pollo a la plancha [(la) petschúga de pójo a la plántscha]	*gegrillte Hähnchenbrust*
la salsa [la sálsa]	*die Soße*

TR. 82

el postre [el póstre]	*der Nachtisch*
de postre [de póstre]	*als Nachtisch*
(el) arroz con leche [(el) arróß kon létsche]	*Milchreis*
(la) crema catalana [(la) kréma katalána]	*Vanillecreme mit karamellisierter Kruste*
(las) frutas de temporada [(las) frútas de temporáda]	*Früchte der Saison*
(el) sorbete de limón [(el) sorbéte de limón]	*Zitronensorbet*
la almendra [la alméndra]	*die Mandel*
(las) torrijas [(las) torríchas]	*Arme Ritter*

Nachdem Sie Ihr Abendessen genossen haben, vergessen Sie nicht, dem Kellner zu sagen: **La cuenta, por favor.** [la kuénta, por fawór.] *Die Rechnung, bitte.* Zuvor hören Sie aber noch einmal den ganzen Dialog im Restaurant.

TR. 83

- Buenas noches, señores, ¿tienen una reserva?
- Sí, a nombre de Rosenow.
- Esperen un momento, por favor. Ya lo miro.
- Por supuesto.
- Aquí está, Rosenow, para dos personas, a las nueve y media. Vengan por aquí, por favor.
- Gracias.

(...)

- Tomen asiento, por favor. Aquí tienen el menú.
- Gracias. ¿Qué puede recomendarnos?
- Pues, de primero, una ensalada de rúcula con aliño de jengibre y miel, de segundo, lubina con salsa de vino tinto y de postre, una tarta de chocolate y almendras.
- Suena todo riquísimo. En todo caso también nos gustaría ver el menú.

Die folgenden Bausteine helfen Ihnen bei der Bestellung im Restaurant.

12 EN LA TIENDA DE ROPA

IM BEKLEIDUNGSGESCHÄFT

Auf zur letzten Alltagssituation! Sie wissen ja, dass die Wiederholung von bereits bekanntem Wortschatz keinesfalls Jacke wie Hose ist. Deshalb wärmen Sie nun schnell die Wörter und Ausdrücke auf, die Sie bereits kennen.

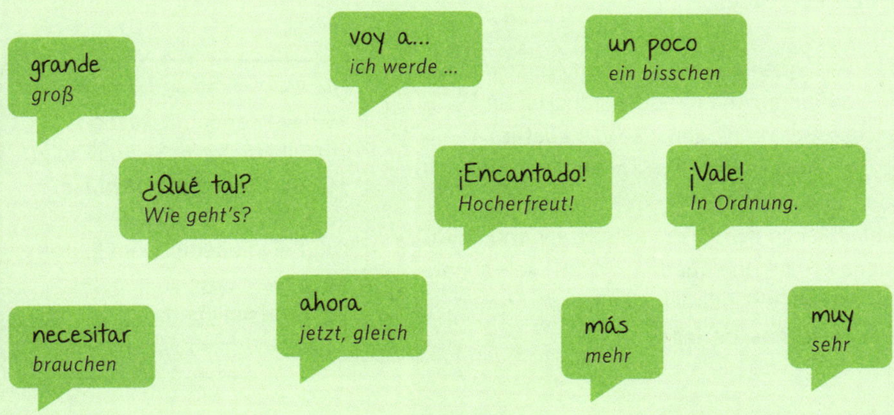

Kennen Sie Amaya Arzuaga, Ágatha Ruiz de la Prada, Adolfo Domínguez, Jesús del Pozo oder Custo Dalmau? Das ist nur eine kleine Auswahl von spanischen Modedesignern, die auf den internationalen Laufstegen vertreten sind. Denn spanische Mode boomt. Viele der Label, die zum hiesigen Straßenbild gehören, kommen aus Spanien. Einige davon kennen Sie sicherlich: Zara, Bershka, Pull & Bear und Massimo Dutti, aber auch Mango und Desigual sind aus den Einkaufsstraßen und Shoppingcentern nicht mehr wegzudenken.
Auf einer Shoppingtour haben Sie und Ihre spanische Begleitung ein kleines Geschäft entdeckt. Während Sie bereits die ersten Kleidungsstücke anprobieren, wartet Ihre Begleitung geduldig vor der Umkleidekabine. Sie werden lernen, verschiedene Kleidungsstücke und Accessoires zu benennen, über Größen, Farben und Materialen zu sprechen sowie auszudrücken, was jemandem steht oder nicht. So, jetzt zeigen Sie sich aber mal!

¿Qué tal | me quedan | los pantalones?

[ke tal me kédan los pantalónes?]
Wie steht mir die Hose?

Einige Substantive werden im Spanischen in der Regel im Plural gebraucht wie **los pantalones** *die Hose*, **los vaqueros** *die Jeans*, **las gafas** *die Brille*.

Mit diesen Worten treten Sie vor Ihre spanische Begleitung.
Die Frage **¿Qué tal?** [ke tal?] kennen Sie eigentlich in der Bedeutung *Wie geht's?* Hier wird **¿Qué tal...?** [ke tal...?] genauso gebraucht wie das Fragepronomen **¿Cómo...?** [kómo...?] *Wie?*: **¿Qué tal me quedan los pantalones?** [ke tal me kédan los pantalónes?] *Wie steht mir die Hose?*

Das Verb **quedar** [kedár] *stehen / passen* (in Verbindung mit Kleidungsstücken und Accessoires) wird, genauso wie **gustar** [gustár] *mögen / gefallen / gerne tun* (Lektion 8) oder **doler** [dolér] *wehtun* (Lektion 9), ausschließlich in der 3. Person Singular und Plural **queda** [kéda] und **quedan** [kédan] gebraucht. Davor steht ein indirektes Objektpronomen (**me**, **te**, **le**, **nos**, **os**, **les**).

Die Form im Singular **queda** wird verwendet, wenn danach ein Substantiv im Singular folgt: **¿Qué tal me queda la blusa?** *Wie steht mir die Bluse?*
Folgt ein Substantiv im Plural, muss man **quedan** nehmen: **¿Qué tal me quedan los pantalones?** *Wie steht mir die Hose?*

Sie erkundigen sich, wie Ihnen *die Hose* **los pantalones** [los pantalónes] steht, aber es gibt noch andere wichtige Kleidungsstücke und Accessoires, die Sie auf Spanisch kennen sollten. Hier die wichtigsten Wörter aus der Kategorie **la prenda de ropa** [la prénda de rópa] *das Kleidungsstück* und **el accesorio** [el akßesório] *das Accessoire.*

el abrigo [el abrígo] *der Mantel*
la blusa [la blúsa] *die Bluse*
la camisa [la kamísa] *das Hemd*
la camiseta [la kamiséta] *das T-Shirt*
la chaqueta [la tschakéta] *die Jacke / das Jackett*
la falda [la fálda] *der Rock*
las gafas de sol [las gáfas de sol] *die Sonnenbrille*
el jersey [el cherséj] *der Pullover*
el vestido [el westído] *das Kleid*
los vaqueros [los wakéros] *die Jeans*

Jetzt sind Sie dran.

Las prendas de ropa. Die Buchstaben sind gehörig durcheinandergeraten. Ordnen Sie sie und fragen Sie danach laut, wie Ihnen die Kleidungsstücke stehen.

1. ¿Qué tal me queda la ________ (ticasmea)?

2. ¿Qué tal me quedan los ________ (netaspolan)?

3. ¿Qué tal me queda el ________ (stovide)?

4. ¿Qué tal me quedan los ________ (rosaquev)?

5. ¿Qué tal me queda el ________ (igobar)?

6. ¿Qué tal me queda la ________ (tachaque)?

Lösung
1. camiseta; **2.** pantalones; **3.** vestido; **4.** vaqueros; **5.** abrigo; **6.** chaqueta

Mal sehen, wie Ihre Begleitung die Hose findet.

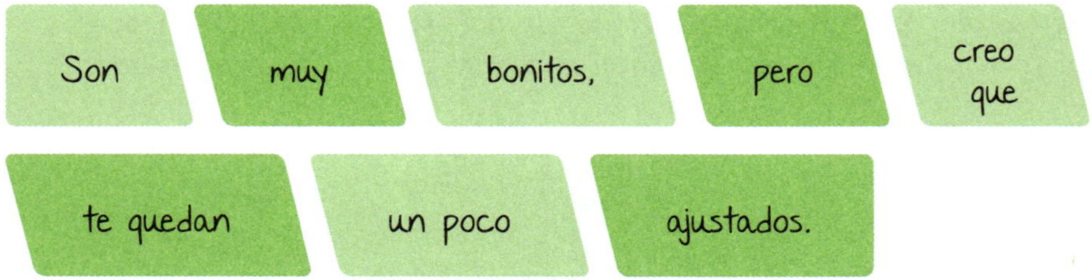

[son mui bonítos, péro kréo ke te kédan un póko achustádos.]
Sie ist sehr schön, aber ich glaube, sie ist dir etwas zu eng.

Son muy bonitos,... [son mui bonítos,...] *Sie ist sehr schön, ...* Sie wissen aus Lektion 5, dass Adjektive in Geschlecht und Zahl an das Substantiv, auf das sie sich beziehen, angepasst werden: **[Los pantalones] son muy bonitos...**

Genauso wie **bonito / -a** [boníto / -a] *schön* muss auch **ajustado / -a** [achustádo / -a] *eng* an das Substantiv **los pantalones** [los pantalónes] *die Hose* angepasst werden: **... pero creo que te quedan un poco ajustados.** [...péro kréo ke te kédan un póko achustádos.] *..., aber ich glaube sie ist dir etwas zu eng.* **Quedar** [kedár] hat hier nicht die Bedeutung von *stehen*, sondern von *passen*. Also immer auf den Zusammenhang schauen. Auf Deutsch kann man das Verb nicht immer wörtlich übersetzen.

Mit **creo que** [kréo ke...] *ich glaube, dass* können Sie eine persönliche Meinung, aber auch Zweifel ausdrücken:
Creo que le gustan las aceitunas. *Ich glaube, dass er Oliven mag.*

Aber Hosen können nicht nur etwas eng sein. Hier sehen Sie andere Möglichkeiten:

Los pantalones	**te quedan**	**muy** *sehr*	**cortos** *kurz*.
		bastante *ziemlich*	**largos** *lang*.
		un poco *ein bisschen*	**pequeños** *klein*.
		demasiado *zu*	**grandes** *groß*.

Oder Sie sagen ganz einfach, dass jemandem etwas gut oder schlecht steht bzw. passt:
La blusa te queda bien. *Die Bluse steht dir gut.*
Los pantalones te quedan mal. *Die Hose steht dir nicht.*

Achtung: **Bien** *gut* und **mal** *schlecht* sind unveränderlich, da es Adverbien sind.

Jetzt sind Sie dran.

¿Qué tal me queda / n...? Kreuzen Sie die passenden Satzenden an.

1. ¿Qué tal me quedan...
- ☐ **A** el vestido?
- ☐ **B** los vaqueros?
- ☐ **C** la blusa?

2. Los vaqueros te quedan...
- ☐ **A** bastante largo.
- ☐ **B** muy bien.
- ☐ **C** un poco cortas.

3. La camiseta te queda...
- ☐ **A** muy grande.
- ☐ **B** bastante largo.
- ☐ **C** un poco pequeñas.

4. ¿Qué tal me queda...
- ☐ **A** las gafas del sol?
- ☐ **B** los pantalones?
- ☐ **C** el abrigo?

Lösung
1. B, **2.** B, **3.** A, **4.** C

Ja, irgendwie zwackt die Hose schon ein bisschen. Aber keine Sorge, Sie haben nicht zugenommen. Durchschnittlich fallen die Konfektionsgrößen in Spanien je nach Hersteller ein, manchmal zwei oder sogar drei Größen kleiner aus. Deshalb sollten Sie beim Kleiderkauf das gewünschte Stück vorher unbedingt anprobieren. So, jetzt aber wieder zurück ins Geschäft. Sie bitten Ihre Begleitung, Ihnen kurz zur Hand zu gehen.

¿Me traes | una talla | más grande?

[me tráes úna tája mas gránde?]
Bringst du mir eine Nummer größer?

Wenn Sie möchten, dass Ihnen jemand etwas bringt, brauchen Sie das Verb **traer** [traér] *bringen (hierher)* und das indirekte Objektpromen **me** [me] *mir.* **¿Me traes...?** [me tráes...?] *Bringst du mir ...?* Sie kennen das Verb bereits aus Lektion 11. Wenn Sie dagegen den Verkäufer bitten Ihnen etwas zu bringen, dann müssen Sie ihn siezen und sagen daher: **¿Me trae...?** [me tráe...?] *Bringen Sie mir ...?*

Sie möchten eine größere Nummer: **una talla más grande** [úna tája mas gránde]. **Más grande** [mas gránde] heißt auf Deutsch *größer*.
Die vollständige Vergleichsstruktur ist **más ... que** [mas ... que]. Damit können Sie ausdrücken, dass Gegenstände oder Personen unterschiedlich sind. Wenn Sie hingegen ausdrücken möchten, dass Gegenstände oder Personen gleich sind, brauchen Sie **tan ... como** [tan ... como]: **Pedro es tan grande como Miguel**. *Pedro ist genauso groß wie Miguel.*
Genauso wie im Deutschen können Sie das Substantiv weglassen, wenn es sich wiederholt:
La falda amarilla es más bonita que la roja.
Der gelbe Rock ist hübscher als der rote.

Wenn Sie zwei Gegenstände oder Personen vergleichen möchten, brauchen Sie diese Struktur:
más + *Adjektiv* + **que** +
Substantiv
La talla 40 es más grande que la talla 38.
Die Größe 40 ist größer als die Größe 38.

Jetzt sind Sie dran.

Más claro que el agua. Vergleichen Sie, indem Sie die Satzhälften zu sinnvollen Sätzen verbinden.

1. La camiseta verde es más	___ **A** como la blanca.
2. ¿Me traes una blusa más	___ **B** ajustados que los blancos.
3. La falda roja es tan larga	___ **C** bonita que la roja.
4. Los vaqueros verdes te quedan más	___ **D** larga?

Lösung
1. C, **2.** D, **3.** A, **4.** B

Selbstverständlich wird Ihre Begleitung Ihnen eine größere Hose holen.

¿Qué | talla | necesitas?

[ke tája neßeßítas?]
Welche Größe brauchst du?

Das Verb **necesitar** *brauchen* kennen Sie bereits. Da die Frage klar ist, müssen Sie jetzt antworten:

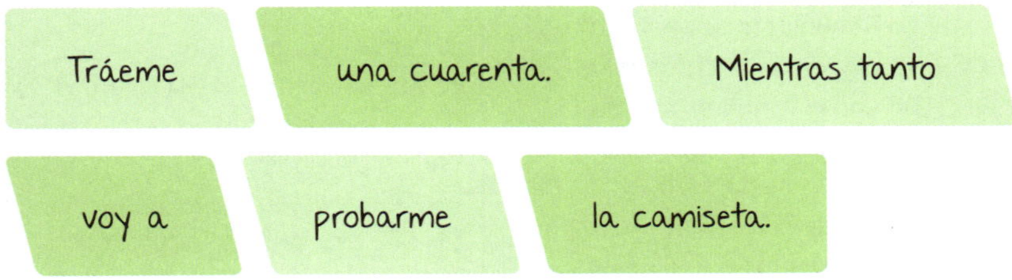

[tráeme úna kuarénta. miéntras tánto woi a probárme la kamiséta.]
Bring mir eine Vierzig. Inzwischen probiere ich das T-Shirt an.

Die Befehlsform kennen Sie bereits aus Lektion 11. Hier sehen Sie die Befehlsform von **traer** [traér] mit angehängtem Objektpronomen **me** [me] *mir*: **tráeme** [tráeme] *bring mir*. Eigentlich kennen Sie das bereits. Denken Sie an Beispiele wie **Deme...** [déme...] *Geben Sie mir ... /* **Dame...** [dáme...] *Gib mir ...* aus Lektion 5 oder **¿Dígame?** [dígame?] *Hallo?* aus Lektion 10. Da viele dieser Wendungen sehr häufig sind, werden Sie Ihnen schnell ins Ohr gehen.

Jetzt sind Sie dran.

Tráeme... Ordnen Sie die deutschen Sätzen der spanischen Befehlsform zu. Sprechen Sie anschließend die spanischen Sätze mehrmals nach. Achten Sie dabei auch auf die Betonung der Befehlsformen.
Was sagen Sie, wenn Sie möchten, dass ...

1. ... Ihr / e Freund / in Ihnen die Uhrzeit sagt?
2. ... der Kellner Ihnen die Rechnung bringt?
3. ... ein / e Freund / in Ihr Verhalten entschuldigt?
4. ... die Marktfrau Ihnen zwei Kilo Orangen gibt?
5. ... Ihr / e spanische / r Freund / in Sie um zwei Uhr zurückruft.

___ **A** Llámame a las dos, por favor.
___ **B** Dime la hora, por favor.
___ **C** Póngame dos kilos de naranjas, por favor.
___ **D** Perdóname, lo siento mucho.
___ **E** Tráiganos la cuenta, por favor.

Lösung
1. B, **2.** E, **3.** D, **4.** C, **5.** A

Sie haben zu Ihrer Begleitung gesagt: **Tráeme una cuarenta.** Sie wollen **una cuarenta** [úna kuarénta] *eine Vierzig*. Es heißt deshalb **una** [úna] *eine*, weil zwischen dem unbestimmten Artikel und der Vierzig ein gedachtes **talla** [tája] *Größe* steht, das ja weiblich ist: **una (talla) cuarenta.** [úna tája kuarénta] *eine Größe Vierzig.*

Das Verb **probarse** (*anprobieren*) ist ein reflexives Verb mit Vokalwechsel von **o → ue** in der 1., 2. und 3. Person Singular und in der 3. Person Plural.
probarse (*anprobieren*) (o > ue)
(yo) me pruebo
(tú) te pruebas
(él / ella / usted) se prueba
(nosotros / -as) nos probamos
(vosotros / -as) os probáis
(ellos / -as / ustedes) se prueban

Ihre Begleitung setzt sich schon in Bewegung, als Sie ihr noch einen Satz hinterherrufen:
Mientras tanto voy a probarme la camiseta.
[miéntras tánto woi a probárme la kamiséta.] *Inzwischen probiere ich das T-Shirt an.*

Die Wendung **voy a ...** kennen Sie bereits aus Lektion 7. **Voy** ist eine Form von **ir** und bildet zusammen mit der Präposition **a** und dem Infinitiv eine nahe Zukunftsform: **ir a** + *Infinitiv ich werde + Infinitiv*.
Voy a **probarme** heißt also eigentlich *ich werde anprobieren*. Im Deutschen übersetzt man die Wendung aber oft mit der Gegenwart.

Jetzt sind Sie dran.

¿Qué te vas a probar? Fragen und sagen Sie, was die Personen anprobieren, indem Sie die Satzhälften zu sinnvollen Sätzen verbinden.

1. Natalia y yo nos
2. Iván
3. Mis hijos
4. Me
5. ¿Te
6. Chicas, ¿os

___ **A** pruebo los vaqueros blancos, ¿vale?
___ **B** se prueban unas gafas de sol muy bonitas.
___ **C** pruebas los pantalones, por favor?
___ **D** probamos las camisetas amarillas.
___ **E** probáis las blusas, por favor?
___ **F** se prueba un abrigo rojo.

Lösung
1. D, **2.** F, **3.** B, **4.** A, **5.** C, **6.** E

Und schon hören Sie die Schritte Ihrer Begleitung. Da ist sie schon.

Aquí | tengo | la cuarenta.

[akí téngo la kuarénta.]
Hier habe ich die Vierzig.

Sie reicht Ihnen die Hose, eine Vierzig, genauso wie Sie es gewünscht haben.

Gracias. | ¿Y qué tal | me queda | la camiseta?

[gráßias. i ke tal me kéda la kamiséta?]
Danke. Und wie steht mir das T-Shirt?

Inzwischen haben Sie sich auch das T-Shirt übergezogen und kommen noch in der zu engen Hose aus der Kabine. Sie schauen Ihre Begleitung erwartungsvoll an. Und?

Es | muy | elegante, | y me encanta | el color.

[es mui elegánte, i me enkánta el kolór.]
Es ist sehr elegant, und die Farbe gefällt mir sehr.

Die Reaktion folgt gleich: **Es muy elegante.** [es mui elegánte.] *Es ist sehr elegant.*

Jetzt sind Sie dran.

Wie gut gefallen Ihnen bestimmte Kleidungsstücke und Accessoires? Verbinden Sie die Satzhälften zu sinnvollen Sätzen.

1. Las gafas de sol ___ **A** es muy bonito.
2. La blusa ___ **B** son muy ajustados.
3. Los vaqueros ___ **C** son muy bonitas.
4. El abrigo ___ **D** es muy elegante.

Lösung
1. C, **2.** D, **3.** B, **4.** A

Aber Ihre Begleitung hat den Satz noch nicht beendet. Und die Farbe! **... y me encanta el color** [...i me enkánta el kolór] ... *und mir gefällt die Farbe sehr.*

Me → Substantiv im Singular: **encanta la camiseta.**
Me → Substantiv im Plural: **encantan los vaqueros.**

Das Wort **encanta** kommt Ihnen ein wenig bekannt vor? Sie haben es in etwas anderer Form bereits in Lektion 2 beim Kennenlernen gesehen. Als Reaktion, wenn man jemanden kennenlernt, sagt man **¡Encantado / -a!** *Hocherfreut!* Das kommt vom Verb **encantar** [enkantár] *sehr gefallen*.
Genauso wie **gustar** [gustár] *mögen / gefallen / gerne tun* wird **encantar** [enkantár] *sehr gefallen* fast ausschließlich in der 3. Person Singular **encanta** [enkánta] und in der 3. Person Plural **encantan** [enkántan] gebraucht. Davor steht ein indirektes Objektpronomen (**me**, **te**, **le**, **nos**, **os**, **les**).
Me encanta la camiseta. *Mir gefällt das T-Shirt sehr.*
Me encantan las gafas de sol. *Mir gefällt die Sonnenbrille sehr.*
Sie drücken damit aus, dass Ihnen etwas nicht nur gefällt, sondern sehr gefällt.

Jetzt aber noch mal zurück zu den Farben. In Lektion 5 haben Sie bereits folgende Farbadjektive gelernt:

amarillo / -a [amaríjo / -a] *gelb*
blanco / -a [blánko / -a] *weiß*
rojo / -a [rócho / -a] *rot*
verde [wérde] *grün*

Hier kommen noch einige weitere dazu:

azul [aßúl] *blau*
celeste [ßeléste] *hellblau*
gris [gris] *grau*
marrón [marrón] *braun*
morado / -a [morádo / -a] *lila, violett*
negro / -a [négro / -a] *schwarz*
rosado / -a [rosádo / -a] *rosa*

Jetzt sind Sie dran.

Me encanta / n... Sagen Sie, welche Kleidungsstücke und Farben diesen Personen sehr gefallen, indem Sie aus den durcheinandergeratenen Wörtern Sätze bilden. Denken Sie daran, dass das Adjektiv im Spanischen meist hinter dem Substantiv steht.

1. encantan amarillas tus gafas de sol me

A mí ______.

2. grises encantan las camisetas nos

A mi marido y a mí ______.

3. mi abrigo encanta le celeste

A mi novio ______.

4. mi jersey le encanta azul

A Marcela ______.

Lösung

1. A mí me encantan tus gafas de sol amarillas.
2. A mi marido y a mí nos encantan las camisetas grises.
3. A mi novio le encanta mi abrigo celeste.
4. A Marcela le encanta mi jersey azul.

Toll, dass Ihrer Begleitung das T-Shirt genauso gut gefällt wie Ihnen. Nachdem Sie einen Blick auf das Etikett im T-Shirt geworfen haben, sind Sie noch zufriedener.

Y es | cien por ciento | de algodón. | La | voy a | llevar.

[y es ßién por ßiénto de algodón. la woi a jewár.]

Und es ist hundert Prozent aus Baumwolle. Ich nehme es mit.

Also **cien por ciento de algodón** [ßién por ßiénto de algodón] *hundert Prozent Baumwolle.* Das ist angenehm zu tragen.

Hier noch ein paar andere Materialien: **el material** [el materiál] *das Material.*

el cuero [el kuéro]	*das Leder*
la lana [la lána]	*die Wolle*
el lino [el líno]	*das Leinen*
el poliéster [el poliéster]	*der Polyester*
la seda [la séda]	*die Seide*
la viscosa [la wiskósa]	*die Viskose*

Wenn Sie sagen möchten, aus was ein Kleidungsstück besteht, ersetzen Sie einfach den bestimmten Artikel durch **de** [de], z.B. **de cuero** [de kuéro] *aus Leder*, **de seda** [de séda] *aus Seide*: **La camiseta es de seda.** *Das T-Shirt ist aus Seide.*

Jetzt sind Sie dran.

¿De qué material es? Sagen Sie auf Spanisch, aus welchen Materialien die Kleidungsstücke sind.

1. Die Bluse ist aus Leinen. La blusa es de lino.
2. Der Pullover ist aus Wolle.
3. Die Hose ist aus Leder.
4. Der Rock ist aus Polyester.
5. Das Kleid ist aus Seide.

Lösung
2. El jersey es de lana.
3. Los pantalones son de cuero.
4. La falda es de poliéster.
5. El vestido es de seda.

Da fällt es Ihnen gar nicht schwer, sich zu entscheiden: **La voy a llevar.** [la woi a jewár.] *Ich nehme es mit.* Ihre Begleitung scheint erleichtert zu sein. Hier sehen Sie wieder die Konstruktion **ir** + **a** + *Infinitiv* und noch das direkte Objektpronomen **la**, das sich auf **la camiseta** bezieht, also wörtlich *ich werde es* (im Deutschen: das T-Shirt) *mitnehmen*.

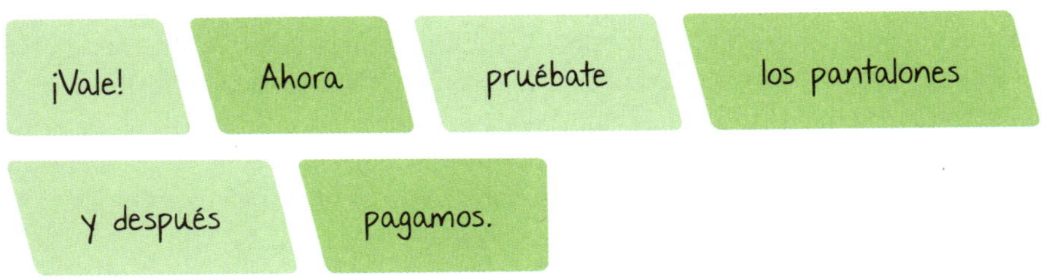

[wále! aóra pruébate los pantalónes y después pagámos.]
Okay! Jetzt probier die Hose an und danach bezahlen wir.

Hier sehen Sie noch einmal die Befehlsform **pruébate** [pruébate] *probier ... an* von **probarse** [probárse] *anprobieren* mit dem angehängten Objektpronomen **te**. Also Hose anziehen und danach *bezahlen* **pagar** [pagár].

Jetzt sind Sie dran.

¿Qué dice? Was sagen und fragen Sie im Gespräch, wenn Sie ...

1. ... wissen wollen, wie Ihnen der Mantel steht?	___ **A**	¿Me traes una talla más grande / pequeña?
2. ... ein Kleidungsstück eine Nummer größer / kleiner wollen?	___ **B**	Me encanta el color rojo.
3. ... wissen wollen, welche Größe jemand braucht?	___ **C**	Es de algodón.
4. ... sagen wollen, dass Ihnen eine Farbe sehr gut gefällt?	___ **D**	¿Qué talla necesitas?
5. ... sagen wollen, aus welchem Material etwas ist?	___ **E**	Pruébate los pantalones.
6. ... möchten, dass jemand etwas anprobiert?	___ **F**	¿Qué tal me queda el abrigo?

Lösung
1. F, **2.** A, **3.** D, **4.** B, **5.** C, **6.** E

Jetzt sind Sie dran.

Kaum zu glauben! Sie sind am Ende dieses Bandes angelangt. **¡Enhorabuena!** [enorabuéna!] *Herzlichen Glückwunsch!* Bevor Sie sich aber auf die Schultern klopfen können, hier wie gewohnt alle neuen Wörter der Lektion im Überblick. Zum Schluss noch ein letzter Lerntipp: Wenn Sie die Wörter z.B. für Kleidungsstücke und Farben lernen wollen, öffnen Sie Ihren Kleiderschrank und kleben Sie sich einfach kleine Zettel mit den spanischen Wörtern an Kleidung, Schubladen und Kleiderstangen – immer mit dem bestimmten Artikel versteht sich und die Adjektive mit den entsprechenden Endungen. Der Lerneffekt ist enorm, da man die spanischen Wörter so in den Alltag integriert.

TR. 84

la tienda [la tiénda]	*das Geschäft / der Laden*
la ropa [la rópa]	*die Kleidung*
la prenda de ropa [la prénda de rópa]	*das Kleidungsstück*
el accesorio [el akßesório]	*das Accessoire*
la talla [la tája]	*die (Konfektions)größe*
más grande que [mas gránde ke]	*größer*
tan grande como [tan gránde kómo]	*(genau)so groß wie*
mientras tanto [miéntras tánto]	*inzwischen*
después [después]	*danach*

TR. 85

creer [creér]	*glauben*
creo que [kréo ke]	*ich glaube, dass*
encantar [enkantár]	*sehr gefallen*
llevar [jewár]	*bringen (hinbringen, mitnehmen)*
necesitar [neßeßitár]	*brauchen*
quedar [kedár]	*stehen / passen* (Kleidung)
pagar [pagár]	*bezahlen*
probarse [probárse]	*anprobieren*

TR. 86

demasiado [demasiádo] — *zu*

ajustado [achustádo] / **ajustada** [achustáda] — *eng*

bonito [boníto] / **bonita** [boníta] — *schön*

elegante [elegánte] — *elegant*

corto [kórto] / **corta** [kórta] — *kurz*

largo [lárgo] / **larga** [lárga] — *lang*

pequeño [pekénjo] / **pequeña** [pekénja] — *klein*

TR. 87

el color [el kolór] — *die Farbe*

el abrigo [el abrígo] — *der Mantel*

la blusa [la blúsa] — *die Bluse*

la camisa [la kamísa] — *das Hemd*

la camiseta [la kamiséta] — *das T-Shirt*

la chaqueta [la tschakéta] — *die Jacke / das Jackett*

la falda [la fálda] — *der Rock*

las gafas de sol [las gáfas de sol] — *die Sonnenbrille*

el jersey [el cherséj] — *der Pullover*

los pantalones [los pantalónes] — *die Hose*

el vestido [el westído] — *das Kleid*

los vaqueros [los wakéros] — *die Jeans*

TR. 88

azul [aßúl] — *blau*

celeste [ßeléste] — *hellblau*

gris [gris] — *grau*

marrón [marrón] — *braun*

morado [morádo] / **morada** [moráda] — *lila, violett*

negro [négro] / **negra** [négra] — *schwarz*

rosado [rosádo] / **rosada** [rosáda] — *rosa*

TR. 89

el material [el materiál]	*das Material*
de algodón [de algodón]	*aus Baumwolle*
el algodón [el algodón]	*die Baumwolle*
cien por ciento [ßién por ßiénto]	*hundert Prozent*
el cuero [el kuéro]	*das Leder*
la lana [la lána]	*die Wolle*
el lino [el líno]	*das Leinen*
el poliéster [el poliéster]	*der Polyester*
la seda [la séda]	*die Seide*
la viscosa [la wiskósa]	*die Viskose*

TR. 90

¡Enhorabuena! [enorabuéna!]	*Herzlichen Glückwunsch!*
Para gustos, los colores. [pára gústos, los kolóres.]	*Über Geschmack lässt sich nicht streiten.*

Und zum Abschluss noch ein Sprichwort, das Sie bei Ihrer Shoppingtour begleiten soll: **Para gustos, los colores.** [pára gústos, los kolóres.] Wörtlich heißt das *Für Geschmäcker, die Farben.* oder besser gesagt: *Über Geschmack lässt sich nicht streiten.* Zum Abschluss hören Sie wie gewohnt den gesamten Dialog im Bekleidungsgeschäft.

TR. 91

- ¿Qué tal me quedan los pantalones?
- Son muy bonitos, pero creo que te quedan un poco ajustados.
- ¿Me traes una talla más grande?
- ¿Qué talla necesitas?
- Tráeme una 40. Mientras tanto voy a probarme la camiseta.
- Aquí tengo la 40.
- Gracias. ¿Y qué tal me queda la camiseta?
- Es muy elegante, y me encanta el color.
- Y es cien por ciento de algodón. La voy a llevar.
- Vale. Ahora pruébate los pantalones y después pagamos.

Üben Sie nun noch einmal, nützliche Sätze für die Shoppingtour zu bilden.

¿Qué tal | me queda | la falda? / el vestido?

¿Me traes | una talla | más grande? / más pequeña?

ANHANG

UMSCHRIFT

Die spanische Aussprache ist eigentlich nicht besonders schwierig, da sie sich an der Schreibweise der Wörter orientiert. Es gibt aber einige Besonderheiten, wie die Aussprache der Konsonanten **ll**, **ñ**, **v**, **j**, **ch** und **c/z**. Um Ihnen beim Erlernen der Aussprache zu helfen, wurde hier jedes Wort mit einer Umschrift versehen, die sich an der deutschen Sprache orientiert. Wenn Sie also die Angaben in den eckigen Klammern so lesen, wie man sie im Deutschen lesen würde, entspricht das ungefähr der spanischen Aussprache des Wortes. Hier finden Sie nochmals einen Überblick über die verschiedenen Umschreibungen, die wir für die spanischen Laute in diesem Buch gewählt haben.

spanischer Laut	spanisches Beispiel	Umschrift	Aussprachehinweis
[a]	**agua** *Wasser* **casa** *Haus*	[agua] [kása]	wie in Wasser
[b]	**bar** *Bar*	[bar]	wie in Bar
[k]	**comprar** *kaufen* **qué** *was* **queso** *Käse* **kilo** *Kilo*	[komprár] [ké] [késo] [kílo]	**C** vor -a,-o, -u und Konsonant, **k** und **qu** werden wie ein **k** gesprochen, wie in Kilo.
[ß]	**cena** *Abendessen* **gracias** *danke* **cerveza** *Bier* **azul** *blau*	[ßena] [gráßias] [ßerweßa] [aßúl]	Dieser Laut wird ähnlich wie das englische **th** in think ausgesprochen: Es ist ein stimmloses s, bei dem die Zunge an den Zähnen liegt. **C** vor -e, -i und **z** werden so ausgesprochen.
[tsch]	**mucho** *viel* **leche** *Milch*	[mútscho] [létsche]	**Ch** wird im Spanischen wie **tsch** in tschüss ausgesprochen.

d [d]	**dolor** *Schmerz*	[dolór]	wie in danke
[e]	**fresa** *Erdbeere* **qué** *was*	[frésa] [ké]	wie in Esel
[f]	**café** *Kaffee*	[café]	wie in Fee
[g]	**gafas** *Brille* **gramo** *Gramm* **guitarra** *Gitarre*	[gáfas] [gramo] [gitárra]	wie in Glück, Gitarre G vor -a,-o, -u und Konsonant wird g ausgesprochen (vor -e und -i jedoch ch).
[ ]	**helado** *Eis* **hijo** *Sohn*	[eládo] [ícho]	**H** ist stumm, es wird nicht gesprochen.
[i]	**mirar** *ansehen* **hay** *es gibt* **soy** *ich bin* **y** *und*	[mirár] [ai] [soi] [i]	**I** sowie **y** am Wortende werden **i** gesprochen wie in mir.
[ch]	**jamón** *Schinken* **jersey** *Pullover* **alergia** *Allergie*	[chamón] [cherséj] [alérchia]	Das **j** und das **g** vor -e, -i werden wie **ch** in Dach ausgesprochen.
l [l]	**litro** *Liter*	[lítro]	wie in Liter
[j]	**calle** *Straße* **botella** *Flasche*	[cáje] [botéja]	Die Aussprache des **ll** lässt sich im Deutschen am ehesten mit einem **j** wie in ja wiedergeben.
	ayuda *Hilfe* **playa** *Strand*	[ajúda] [plája]	Das **y** am Beginn eines Wortes oder in der Mitte wird wie ein **j** ausgesprochen.

[m]	**momento**	moménto	wie in Moment
[n]	**nombre**	nómbre	wie in Name
[nj]	**español**	espanjól	Das **ñ** wird **nj** wie im Namen Anja ausgesprochen.
[o]	**no**	no	wie in Opa
[p]	**paella**	paéja	wie in Papa
[r]	**marido** **rojo**	marído rócho	Das spanische **r** wird gerollt, am Wortanfang sogar stark gerollt.
[rr]	**perro Hund**	pérro	wird stark gerollt
[s]	**ensalada**	ensaláda	wie in Ast
[t]	**tomate**	tomáte	wie in Tomate
[u]	**muy**	mui	wie in Mut
[w]	**vino**	wíno	**V** wird wie eine Mischung zwischen b und w ausgesprochen.
[ks]	**taxi**	táksi	wie in Taxi

Mit einem Akzent wurde in der Umschrift die Betonung des Wortes gekennzeichnet, unabhängig davon, ob das Wort tatsächlich einen Betonungsakzent trägt oder nicht, z.B. **café** [kafé], **gafas** [gáfas].

NOTFALLWORTSCHATZ

Damit Sie nicht ständig hin- und herblättern müssen, haben wir für Sie zu guter Letzt noch einen kleinen Notfallwortschatz erstellt, der thematisch sortiert ist. Aber sicherlich sind Sie mittlerweile so fit geworden, dass Sie nur noch selten nachgucken müssen!

Die wichtigsten Wörter

sí [si]	*ja*
no [no]	*nein*

Zahlwörter

uno [úno]	*eins*
dos [dos]	*zwei*
tres [tres]	*drei*
cuatro [kuátro]	*vier*
cinco [ßínko]	*fünf*
seis [seis]	*sechs*
siete [siéte]	*sieben*
ocho [ótscho]	*acht*
nueve [nuéwe]	*neun*
diez [diéß]	*zehn*
once [ónße]	*elf*
doce [dóße]	*zwölf*
trece [tréße]	*dreizehn*
catorce [katórße]	*vierzehn*
quince [kínße]	*fünfzehn*
dieciséis [dießiséis]	*sechzehn*
diecisiete [dießisiéte]	*siebzehn*
dieciocho [dießiótscho]	*achtzehn*
diecinueve [dießinuéwe]	*neunzehn*
veinte [wéinte]	*zwanzig*

Begrüßung und Verabschiedung

¡Buenos días! [buénos días!]	*Guten Morgen! / Guten Tag!*
¡Buenas tardes! [buénas tárdes!]	*Guten Tag! / Guten Abend!*
¡Buenas noches! [buénas nótsches!]	*Guten Abend! / Gute Nacht!*
¡Buenas! [buénas!]	*informelle, abgekürzte Grußformel für Guten Tag! / Guten Abend!*
¡Hola! [óla!]	*Hallo!*
¡Adiós! [adiós!]	*Auf Wiedersehen!*
¡Hasta luego! [ásta luégo!]	*Bis später! / Bis bald!*
¡Hasta mañana! [ásta manjána!]	*Bis morgen!*
¡Hasta la próxima! [ásta la próksima!]	*Bis zum nächsten Mal!*

Kennenlernen

Me llamo... [me jámo...]	*Ich heiße ...*
Soy... [soi...]	*Ich bin ...*
¡Mucho gusto! [mútscho gústo!]	*Sehr erfreut!*
¡Encantado! [enkantádo!] / **¡Encantada!** [enkantáda!]	*Hocherfreut!*
¿Qué tal? [ke tal?]	*Wie geht's?*
¿De dónde es? [de dónde es?] / **¿De dónde eres?** [de dónde éres?]	*Woher sind Sie? / Woher bist du?*
Soy de... [soi de...]	*Ich bin aus ...*
España [espánja]	*Spanien*
Alemania [alemánia]	*Deutschland*
Austria [áustria]	*Österreich*
Suiza [suíßa]	*Schweiz*

Fragewörter

¿Qué? [ke?]	*Was (für)?*
¿Dónde? [dónde?]	*Wo?*
¿De dónde? [de dónde?]	*Woher?*
¿Cuánto...? [kuánto...?] / **¿Cuánta...?** [kuánta...?]	*Wie viel ....? / Wie viele ...?*
¿Cómo? [kómo?]	*Wie?*
¿Cuándo? [kuándo?]	*Wann?*

Höflichkeit

¡Muchas gracias! [mútschas gráßias!]	*Vielen Dank!*
por favor [por fawór]	*bitte*
¡De nada! [de náda!]	*Bitte sehr! / Keine Ursache!*
¡Lo siento! [lo siénto!]	*Es tut mir leid!*
Disculpe,... [diskúlpe,...] / **Disculpa,...** [diskúlpa...]	*Entschuldigen Sie, ... / Entschuldige, ...*
Perdone,... [perdóne,...] / **Perdona,...** [perdóna,...]	*Entschuldigen Sie, ... / Entschuldige, ...*
¡Perdón! [perdón!]	*Entschuldigung!*

Verständigung

¿Habla / hablas español? [ábla / áblas espanjól?]	*Sprechen Sie / Sprichst du Spanisch?*
Hablo español. [áblo espanjól.]	*Ich spreche Spanisch.*
Hablo un poco de español. [áblo un póco de espanjól.]	*Ich spreche ein bisschen Spanisch.*
No hablo español. [no áblo espanjól.]	*Ich spreche kein Spanisch.*
No comprendo. [no kompréndo.]	*Ich verstehe nicht.*
¿Puede / Puedes repetirlo, por favor? [puéde / puédes repetírlo, por fawór?]	*Können Sie / Kannst du das bitte wiederholen?*
¿Puede / Puedes hablar más despacio, por favor? [puéde / puédes ablár mas despáßio, por fawór?]	*Können Sie / Kannst du bitte langsamer sprechen?*

Genauer nachfragen

¿Habla / hablas español? [ábla / áblas espanjól?] — *Sprechen Sie / Sprichst du Spanisch?*

Hablo español. [áblo espanjól.] — *Ich spreche Spanisch.*

Hablo un poco de español. [áblo un póco de espanjól.] — *Ich spreche ein bisschen Spanisch.*

No hablo español. [no áblo espanjól.] — *Ich spreche kein Spanisch.*

No comprendo. [no kompréndo.] — *Ich verstehe nicht.*

¿Puede / Puedes repetirlo, por favor? [puéde / puédes repetírlo, por fawór?] — *Können Sie / Kannst du das bitte wiederholen?*

¿Puede / Puedes hablar más despacio, por favor? [puéde / puédes ablár mas despáßio, por fawór?] — *Können Sie / Kannst du bitte langsamer sprechen?*

Wegbeschreibung

a la izquierda (de) [a la ißkiérda (de)] — *links (von) / auf der linken Seite*

a la derecha (de) [a la derétscha (de)] — *rechts (von) / auf der rechten Seite*

al lado (de) [al ládo (de)] — *(da)neben*

al final (de) [al finál (de)] — *am Ende (von)*

cerca (de) [ßérka (de)] — *in der Nähe (von)*

enfrente (de) [enfrénte (de)] — *gegenüber (von)*

entre [éntre] — *zwischen*

lejos (de) [léchos (de)] — *weit (von) / weit entfernt*

Im Krankheitsfall

¡Ay! [aj!]	*Aua!*
¡Que se mejore! [ke se mechóre!] / **¡Que te mejores!** [ke te mechóres!]	*Gute Besserung!*
la farmacia [la farmáßia]	*die Apotheke*
el hospital [el hospitál]	*das Krankenhaus*
el analgésico [el analchésiko]	*die Schmerztablette*
el desinfectante de heridas [el desinfektánte de erídas]	*das Wunddesinfektionsmittel*
el antidiarreico [el antidiarréiko]	*das Mittel gegen Durchfall*

Wichtige Dokumente

el documento nacional de identidad [el documénto naßionál de identidád] **(DNI)** [de éne i]	*der Personalausweis*
el pasaporte [el pasapórte]	*der Reisepass*
el carnet de conducir [el karné de kondußír]	*der Führerschein*
el carnet de vacunas [el karné de wakúnas]	*der Impfpass*
el pasaporte para animales de compañía [el pasapórte pára animáles de kompanjía]	*der Heimtierausweis*

Wichtige Orte

la parada de autobús [la paráda de autobús] — *die Bushaltestelle*
el cine [el ßíne] — *das Kino*
la carnicería [la karnißería] — *die Metzgerei*
la estación de servicio [la estaßión de serwíßio] — *die Tankstelle*
el restaurante [el restauránte] — *das Restaurant*
la playa [la plája] — *der Strand*
el centro comercial [el ßéntro komerßiál] — *das Einkaufszentrum*
la estación de metro [la estaßión de métro] — *die U-Bahn-Station*
la calle [la káje] — *die Straße*
la plaza [la pláßa] — *der Platz*
el supermercado [el supermerkádo] — *der Supermarkt*
la panadería [la panadería] — *die Bäckerei*
la oficina de correos [la ofißína de korréos] — *das Postamt*

Im Hotel

la reserva [la resérwa] — *die Reservierung*
la recepción [la reßepßión] — *die Rezeption*
el hotel [el otél] — *das Hotel*
la habitación doble [la abitaßión dóble] — *das Doppelzimmer*
la habitación individual [la abitaßión indiwiduál] — *das Einzelzimmer*
el número de habitación [el número de abitaßión] — *die Zimmernummer*
¡Que tenga una buena estancia! [ke ténga úna buéna estánßia!] — *Einen angenehmen Aufenthalt!*

Einkaufen

¿Ya le atienden? [ja le atiénden?]/ **¿Ya te atienden?** [ja te atiénden?]	*Werden Sie / Wirst du schon bedient?*
¿Cuánto...? [kuánto...?]/ **¿Cuánta...?** [kuánta...?]	*Wie viel ..? / Wie viele ..?*
¿Qué más? [ke mas?]	*Was darf es sonst noch sein?*
¿Cuánto cuesta...? [kuánto kuésta...?]	*Wie viel kostet ...?*
Deme... [déme...]/ **Dame...** [dáme...]	*Geben Sie mir ... / Gib mir ...*
¿Me pone...? [me póne...?]/ **¿Me pones...?** [me pónes...?]	*Geben Sie mir ...? / Gibst du mir ...?*
medio kilo de... [médio kílo de...]	*ein halbes Kilo ...*
un kilo de... [un kílo de...]	*ein Kilo ...*

Im Supermarkt

la charcutería [la tscharkutería]	*die Wurstwarenabteilung / das Wurstwarengeschäft*
la droguería [la drogería]	*die Drogerieabteilung / die Drogerie*
la frutería [la frutería]	*die Obstabteilung / der Obstladen*
la panadería [la panadería]	*die Brotabteilung / die Bäckerei*
la pescadería [la peskadería]	*das Fischgeschäft / die Fischabteilung*

Lebensmittel

el aceite de oliva [el aßéite de olíwa] *das Olivenöl*
la carne [la kárne] *das Fleisch*
la leche [la létsche] *die Milch*
la naranja [la narancha] *die Orange*
el pescado [el peskádo] *der Fisch*
el helado [el eládo] *das Eis*
el chorizo [el tschoríßo] *luftgetrocknete Paprikawurst*
el jamón [el chamón] *der Schinken*
el jamón ibérico [el chamón ibériko] *der Ibérico-Schinken*
el jamón serrano [el chamón serráno] *der Serrano-Schinken*
el salchichón [el saltschitschón] *luftgetrocknete Hartwurst*
el queso [el késo] *der Käse*

Im Restaurant

¡Tengo mucha hambre! [téngo mútscha ámbre!] *Ich habe großen Hunger!*
¡Tengo mucha sed! [téngo mútscha sed!] *Ich habe großen Durst!*
¡Que aproveche! [ke aprowétsche] *Guten Appetit!*
el primer plato [el primér pláto] *die Vorspeise / der erste Gang*
el segundo plato [el segúndo pláto] *das Hauptgericht / der zweite Gang*
el postre [el póstre] *der Nachtisch*
la guarnición [la guarnißión] *die Beilage*
el postre [el póstre] *der Nachtisch*
el menú [el menú] *die Speisekarte / das Menü*
La cuenta, por favor. [la kuénta, por fawór.] *Die Rechnung, bitte.*

Getränke

la cerveza [la ßerwéßa]	*das Bier*
la clara [la klára]	*das Radler*
la caña [la kánja]	*kleines Glas Bier vom Fass*
el vino [el wíno]	*der Wein*
el vino de la casa [el wíno de la kása]	*der Hauswein*
el agua mineral [el água minerál]	*das Mineralwasser*
el café con leche [el kafé kon létsche]	*der Milchkaffee*
el café solo [el kafé sólo]	*der Espresso*
el chocolate [el tschokoláte]	*die heiße Schokolade*
el cortado [el kortádo]	*Espresso mit einem Schuss Milch oder Milchschaum*
la horchata [la ortscháta]	*die Erdmandelmilch*
el té [el te]	*der Tee*
el zumo de naranja (natural) [el ßúmo de naráncha (naturál)]	*der (frisch gepresste) Orangensaft*

Gemüse

la verdura [la werdúra]	*das Gemüse*
el ajo [el ácho]	*der Knoblauch*
la berenjena [la berenchéna]	*die Aubergine*
la calabaza [la kalabáßa]	*der Kürbis*
la cebolla [la ßebója]	*die Zwiebel*
el espárrago [el espárrago]	*der Spargel*
la patata [la patáta]	*die Kartoffel*
el pepino [el pepíno]	*die Gurke*
el puerro [el puérro]	*der Lauch*
la seta [la séta]	*der Pilz*
la zanahoria [la ßanaória]	*die Mohrrübe*

Uhrzeit

¿Qué hora es? [ke óra es?]	*Wie viel Uhr ist es?*
Es la una. [es la úna.]	*Es ist ein Uhr.*
Son las dos. [son las dos.)	*Es ist zwei Uhr.*
y cuarto [i kuárto]	*Viertel nach*
y media [i média]	*halb*
menos cuarto [ménos kuárto]	*Viertel vor*
de la mañana [de la manjána]	*morgens (von 6 Uhr bis 12 Uhr)*
de la tarde [de la tárde]	*nachmittags / abends (von 13 Uhr bis 21 Uhr)*
de la noche [de la nótsche]	*abends / nachts (von 21 Uhr bis 24 Uhr)*
de la madrugada [de la madrugáda]	*frühmorgens (von 1 Uhr bis 6 Uhr)*
Es mediodía. [es mediodía.]	*Es ist Mittag.*
Es medianoche. [es medianótsche.]	*Es ist Mitternacht.*

Wochentage

los días de la semana [los días de la semána]	*die Wochentage*
lunes [lúnes]	*Montag*
martes [mártes]	*Dienstag*
miércoles [miérkoles]	*Mittwoch*
jueves [chuéwes]	*Donnerstag*
viernes [wiérnes]	*Freitag*
sábado [sábado]	*Samstag*
domingo [domíngo]	*Sonntag*

Bildnachweis

U1 Getty Images (venakr), München; PONS Langenscheidt GmbH (Anne Pixaras), Stuttgart; **1** Shutterstock (Ola_view), New York; **3, 7, 21, 109, 124, 158** Shutterstock (primiaou), New York; **7 Getty** Images (amoklv), München; **7, 21** Shutterstock (Siberian Art), New York; **22** Getty Images (typhoonski), München; **22, 52** Shutterstock (josep perianes jorba), New York **125, 139** Shutterstock (Netkoff), New York; **37, 51** Shutterstock (redchocolate), New York; **37** Shutterstock (Sashkin), New York; **52** Shutterstock (Voyagerix), New York; **66** Shutterstock (Sapunkele), New York; **67 Shutterstock** (Roberto Sorin), New York; **67, 80** Shutterstock (MSSA), New York; **81** Shutterstock (olllikeballoon), New York; **81** Shutterstock (Catarina Belova), New York; **94, 95** Shutterstock (AuraArt), New York; **95** Shutterstock (Lestertair), New York; **103, 108** Shutterstock (TatianaKost94), New York; **109** Shutterstock (Salvador Aznar), New York; **125** Shutterstock (Dmitry Shkurin), New York; **141 Shutterstock** (Monkey Business Images), New York; **141** Shutterstock (Ohn Mar), New York; **158** Shutterstock (carlos castilla), New York; **171** Shutterstock (Saint A), New York; **173** Shutterstock (schiva), New York; **173** Shutterstock (Robert Kneschke), New York; **188** Shutterstock (josep perianes jorba), New York;